U0863321

保定名山名水

保定名山名水

保定历史文化名城丛书

《保定名山名水》编委会 编

河北大学出版社
·保定·

出 版 人：朱文富
责任编辑：张 磊
装帧设计：赵 谦 王占梅
责任校对：王亚薇
责任印制：闻 利

BAODING MINGSHAN MINGSHUI

图书在版编目（CIP）数据

保定名山名水 /《保定名山名水》编委会编 . -- 保定：河北大学出版社，2020.5
（保定历史文化名城丛书）
ISBN 978-7-5666-1648-7

Ⅰ. ①保… Ⅱ. ①保… Ⅲ. ①山－介绍－保定②水－介绍－保定 Ⅳ. ① K928.3 ② K928.4

中国版本图书馆 CIP 数据核字（2020）第 024940 号

出版发行：河北大学出版社
地址：河北省保定市七一东路 2666 号 邮编：071000
电话：0312-5073033 0312-5073029
邮箱：hbdxcbs818@163.com 网址：www.hbdxcbs.com
印 刷：保定华泰印刷有限公司
幅面尺寸：185 mm × 260 mm 1/16
印 张：20.5
字 数：250 千字
版 次：2020 年 5 月第 1 版
印 次：2020 年 5 月第 1 次印刷
书 号：ISBN 978-7-5666-1648-7
定 价：168.00 元

编委会

主　　任：马誉峰

副 主 任：王惠欣　赵桂良　刘　峰　杨义宝　陈春霞
康爱民　高文才　霍占利　谢永军

委　　员：刘俊禹　王俊红　夏文山　张虎林　侯利杰
荆明志　王　欣　续金明　马坤英　罗玉琴
吴素杰　郭义明　杨立平　田建生　赵永帅
刘洪洁　王育新　赵春辉　杜香兰　谷俊杰
康　社　刘春林　范振中　陈绍辉　刘海波

主　　编：赵桂良

副 主 编：李金平　何国伟　刘振强

编　　委：甘志超　宁振平　李朝伟

编务执行：河北新型智库·河北省文化产业发展研究中心
河北大学文化产业研究院

序

山水，在中国文化中从来不是单纯的自然存在。山水是美的载体，是感官触及的愉悦，是情之所至的寄托，是生生不息的家园。保定西枕太行山，东抱白洋淀，山川交融，历史悠久。山水之于保定，是古城自然造化的禀赋和文化孕育的肌理。地理上，保定山水相依的空间格局得天独厚，在山与淀之间，沧浪之水东流，似血脉一般把山、水、城、淀连接。那些自然的景致在数千年的时间里，因人而名，因史而名，因景而盛，又与人共情，于是保定这座古城也更多了几分深邃、诗意和隽永。

保定名山名水，是对保定地区范围内具有重要人文价值的山水资源的一次挖掘和整理，也是对山水之间蕴藏的保定历史和文化的一次较为集中的展示。全书依照自然地理概念对保定山水进行划分，共收录名山 14 篇，名水 21 篇，依照自然景观的审美价值、历史传承的文化价值、现代人文的资源价值等层次形成讲述的基本脉络，以求能让读者更加深入地了解保定名山名水的不同方面，感受山水之间、文化交融的古城风韵和保定独特的精神气质。

如果要对保定名山名水的特点进行一个概括，首先应是人杰地灵。从中国历史的时间轴上，保定山水哺育的中华儿女在漫长岁月的传承中，树起一座座丰碑。如果对保定历史稍有了解，你会知道保定地区是中华民族最早的家园之一。从传说的三皇五帝时代，保定孕育了中华民族的先贤尧帝；易水河畔还在回响壮士一去的悲歌；郦道元在这里为《水经》作注；唐燕国公张说，家喻户晓的杨家将，乃至近代以来的革命先烈故事都在保定的青山绿水间传唱。

保定名山名水具有鲜明的人文特色。先说山，战国时白狄一部鲜虞人建立的中山国最先定都于中人城，就在今天的保定唐县。中山之国号也是因为都城之中有山而得名。“中山”这个地名，也在后世相当长的一段时间里被沿用。保定名山的文化基因，至少在2000多年前就已存在。自此1000多年后，中山人刘禹锡留下了千古名句：“山不在高，有仙则名。”而作为古北岳恒山的大茂山，自秦朝至明朝的1700多年间，历代皇帝祭祀北岳均在此地。它既是镇守神州受帝王封禅的历史坐标，同时也是太行群山耸翠的保定名山沉淀的中华文化的典型代表。

再说水，拒马河、白沟河记录着绮丽的风景和遥远的硝烟；易水、萍水流淌着超越别离与相聚的情怀；府河绕城东流，滋养古城生生不息；白洋淀浩渺连天，荷淀飘香传颂英雄故事。还有今天的南水北调和大水系工程，共同构建保定生态人文交相辉映的名城品格。

保定名山名水，还继承了红色文化的光荣传统，狼牙山五勇士、雁翎队、小兵张嘎等革命先烈的英雄事迹，《没有共产党就没有新中国》《白毛女》等艺术作品的创造也正在这山水之间。

“江碧鸟逾白，山青花欲燃。今春看又过，何日是归年。”在即将过去的这个春天，希望这本记录保定山水人文的书，能够让读者看到一个有景、有情、有趣、有色彩的保定。

是为序。

保定市人大常委会主任 马誉峰

2020年4月

凡例

一、基本原则

以习近平新时代中国特色社会主义思想为指导，坚持实事求是、改革创新的原则，坚持人与自然和谐共生的基本方略，牢固树立和贯彻落实新发展理念，全面、客观、系统地记述保定山水人文、历史与现状，弘扬保定山水物质文化、精神文化，保护历史文化遗产，彰显地方、时代特色，推进生态文明建设，建设美丽中国，推动中华优秀传统文化的传承发展。

二、时间断限

为全面反映保定名山、名水的发展演变脉络，各篇上限尽量追溯至事物发端，下限一般断至各篇启动编纂年份，个别重大事项可延至搁笔。

三、总体结构

全书分为保定名山和保定名水两篇，分别介绍保定名山、名水的地理特征、自然资源、历史人文等内容。

四、语言文体

除个别引用的原文外，正文统一使用规范汉字及现代语体文、记述体。记事坚持秉笔直书、述而不作，寓观点于记述之中。行文力求朴实、严谨、简洁、流畅，可读性强。

五、数据

书中所需数据一般采用政府统计部门数据，无统计数据的选用主管部门正式发布的数据。数据力求严谨、真实、准确。

六、计量单位

书中计量单位的使用按照国务院1984年2月发布的《关于在我国统一实行法定计量单位的命令》执行，计量单位一律采用《中华人民共和国法定计量单位》。

七、纪年

中华民国以前的纪年，先书历史纪年，其后括注公元纪年。中华民国成立之后的纪年，均使用公元纪年。图书中所称“解放前（后）”，以当地解放日为界；“新中国成立前（后）”，以中华人民共和国成立日1949年10月1日为界；“改革开放前（后）”，以中共十一届三中全会召开的1978年12月为界。

八、称谓

记事均以第三人称角度记述。人名，直书姓名，必要时冠以职务或职称。地名，以现行标准地名为准。各历史时期党派、团体、组织、机构、职务或职称等均以当时名称为准。

九、数字、标点

书中数字书写以GB/T15835—2011《出版物上数字用法》为准，标点符号使用以GB/T15834—2011《标点符号用法》为准。

目录

上篇

保定名山　峰峦巍峨

山，拔地而起，是大地隆起的筋骨；在自然与人文的交汇中，勾勒千年积淀的文脉。保定，北连燕山，西接太行，自古便是名山如聚，峰峦巍峨。白石山雄奇、大茂山隽永、狼牙山险峻、青虚山缥缈……西望保定群山，古北岳恒山在这里封禅，英雄的传说在崖壁间回响，大自然的鬼斧神工，中华民族的精神传承，不仅耐看，而且耐读。保定名山，不仅见证着古城的沧桑巨变，倾听着历史的荣辱兴衰，展示着巍峨雄奇的莽莽胸怀，而且又在这新时代迎来了更多的期许。

太行山

保定，国家级历史文化名城，自古便是“北控三关，南达九省，地连四部，雄冠中州”的“通衢之地”。保定背靠群山巍峨，东向流波网布，山清水秀，人杰地灵。保定上承炎黄，颛顼唐尧居兹治世，春秋战国燕赵交融；下启和韵，华夏千载人文荟萃，“都南屏翰”海晏河清。保定的山，亿万年来深情地注视着这片热土，在悠长的岁月中被凝固成一条深情的脊梁，融汇着艰苦奋斗、自强不息的民族精神，不断在中华民族的记忆中声声呼唤：太行！

保定名山，在地理概念上同属于太行山山脉。太行山是中华民族最著名的山脉之一。说起太行山得名的渊源，其古名曰大形山，意为山势巍峨。之所以后世改称太行山，是因为“大”字同“太”字，“形”字同“行”字，故大形山后便演化成太行山。《太行山赋》中以“万峰峭嶙，重峦攒倚，森矗隆崛，八百余里”摹其形体。太行山山脉作为中国东部地区的重要山脉和地理分界线，是中国地形第二阶梯的东缘，也是黄土高原的东部界线。太行山跨北京、河北、山西、河南 4 省市，山脉北起北京市西山，向南延伸至河南与山西交界地区的王屋山，西接山西高原，东临华北平原，呈东北——西南走向，绵延400余公里。

太行山又名五行山、王母山、女娲山。如果按太行八陉的说法，那么从黄河北岸起，一直到河北的昌平（今属北京）都属太行山山脉。晋代的郭缘生在《述征记》中说："太行山首始于河内，北至幽州。"这也许是历史上对太行山范围的最早定义。

太行山保定市段，为太行山北段。虞舜时期分天下为十二州，古北岳恒山（今大茂山）为并州镇山，位于河北正定、保定与山西太原、大同4地之间的地域。太行山保定市段东北起涞水县的金树塔，西南至阜平县南驼梁，全长约200公里，包括满城的抱阳山，唐县的大茂山、青虚山，顺平县的伊祁山，易县的狼牙山、云蒙山，阜平县的千峰山、驼梁山，涞源县的白石山，曲阳县的虎山、嘉禾山，涞水县的野三坡等。它们或雄奇，或秀美，或高峻，或幽静，展示着各具特色的名山风采。

同时，在殷商时期，保定为北燕之地，西周至战国时期，这里有着燕南赵北等历史渊源，所以虽然今天地理概念的燕山山脉与保定并无交集，但是保定依然保留着很多燕山文化的印记。比如战国七雄之一的燕国，在今易县，建有下都。燕太子丹正是在这里筹划了"荆轲刺秦王"这一悲壮的历史故事。"风萧萧兮易水寒，壮士一去兮不复还"至今仍广为流传。可以说，从战国时期的燕国开始，燕文化与燕山、太行山保定段便有着千丝万缕的联系，这些联系早已突破了地理概念的藩篱，更多体现的是文化符号的连接。

文化的力量让历史鲜活，更赋予自然以盎然生趣。保定深厚的文化底蕴，众多的古迹、传说又渲染出保定名山的独特风

巍巍太行

韵。这里的山挺拔坚韧却从不倨傲孤立，这里的山历经风霜却从不低头折腰，这里的人侠义爱国，激昂慷慨，这里的气节高尚坚贞，千年不改。以荆轲、高渐离为代表的侠义文化，以刘琨、杨延昭为代表的爱国文化，以“狼牙山五勇士”、王二小等众多英烈为代表的红色文化……深厚的文化底蕴，至今仍激励着中华儿女奋力前行。而这其中体现出来的艰苦奋斗、无私奉献、求真务实、爱国为民的“太行山精神”，正是保定群山之“名”的完美注脚。

白石山

“京西夏都，生态凉城”是人们对涞源的高度概括。

2016 年 9 月 23 日至 25 日，涞源县白石山镇承办了首届河北省旅游产业发展大会，对标国际国内一流标准，全面展示最精彩的河北、最精彩的保定。白石山仿佛一下子闯入了人们的视野，峰林、怪石、绝壁、峡谷、森林、云海、栈道，这里兼具了山岳景观的奇、雄、险、幻四大特点。

概述

白石山位于保定市涞源县东南部 15 公里处，总面积 215 平方公里，海拔 1000 ~ 2096 米，是保定市辖区内的众多高峰之一，自古被封为道教三十六洞天七十二福地中的总玄洞天，也是清西陵的风水发脉，即万年吉地的龙脉龙首。白石山景区全年平均气温 7.4 摄氏度，最高月平均气温 21.8 摄氏度，最低月平均气温 −9.1 摄氏度。白石山景区内奇峰林立，巨壑纵横，溪水潺潺，森林植被茂密，生物种类丰富，是我国北方少见的森林和峰林复合景观。

白石山

白石山雄踞八百里太行山的最北端，耸立于拒马河畔的群山之上，拥有全国唯一的大理岩峰林地貌，因裸露的岩石多呈白色而得名。其主峰相对高差千余米，山体主脊长 7 公里。白石山景区千峰竞秀，沟谷纵横，怪石林立，100 多座高低错落、相对独立的山峰组成了景区的精华部分，俗称三顶、六台、九谷、八十一峰。165 个景点分布于 215 平方公里的山域范围之内，因其风光酷似安徽黄山而被人们称为“小黄山”。

白石山由于特殊的地质结构、优美的自然风景和悠久的人文历史，被评为国家级风景名胜区、国家地质公园、全国青少年科技教育基地、国家森林公园、世界地质公园、5A 级景区和爱国主义教育基地。

主要景观

（一）地貌景观

白石山东麓山体高大，纵拔如屏，雄险奇幻，有三顶、六台、九谷、八十一峰，峰峰挺拔，谷谷幽深，悬崖绝壁通天拔地，如刀削斧劈，气势雄伟。山中多云雾，夏秋季节“佛光”频频出现。白石山西麓森林茂密，物种丰富，是华北地区生物多样性中心区之一。

白石山峰林地貌高差大、密度大，集黄山之奇、华山之险、张家界之秀于一体，是中国北方壮观的峰林地貌。白石山地形奇特，是典型的大理岩、花岗岩地质构造，垂直气候带差异明显，南北两侧有明显的气候和人文的差异。因山体垂直高差大，白石山有一山兼四季的特色，同一季节，植物颜色各异。初春时节，山脚浓荫绿地，山前山腰桃花初绽，漫山杜鹃花如花的海洋，灿若朝霞，映红白石山。

白石山森林公园主峰海拔 2096 米，晴云峰海拔 2057 米，

白石山风光

峰林景观主要由海拔为1400米山脊上矗立的巨大岩峰群体组成，迷人的景致，尽显在白石山峰林地貌之中。白石山下部主要由肉红色花岗岩组成山体基座，中部由白色白云质大理岩组成围腰，山顶为灰色白云质大理岩组成的顶峰。由红、白、灰三种色调组成的带状山峰十分奇特，在我国北方实属少见。白石山核心的大理岩峰林处于原始自然状态，具有很高的研究价值和观赏价值。

白石山峰体造型奇特，千姿百态，具体可以概括为“雄”“险”“奇”“幻”四个字。其中，“雄”与“险”是白石山峰林景观的主体，而“奇”与“幻”是白石山峰林景观的灵魂。

“雄”。白石山峰林群峰拔地崛起，峰高谷深，巍峨耸立，单峰最大高差可达600米，峰群密集，核心部分每平方公里高差在100米以上的山峰有40余座，峰林高耸擎天，气势雄伟，雄风荡荡，撼人心魄。

“险”。白石山峰林中，峰谷峥嵘，壁峭崖险；直上直下，有棱有角；仰望单峰，高耸擎天；俯视峰谷，幽深难测；峡谷危崖，形势绝险。

“奇”。“奇”是白石山景区最精彩的所在。在峰林中的单个巨型峰体形态各异，有的似笋，有的如塔，有的似兽，有的如人。或俊秀似人，引人遐思；或奇妙变换，目不暇接。

云雾缭绕白石山

"幻"。夏秋季节，白石山经常是云雾缥缈，当云雾围绕峰林，山峰时隐时现，参差错落，犹如仙山浮岛，蓬莱幻境，变化莫测，幽深梦幻，如诗如画。

（二）水域景观

有谷皆溪，跌岩为瀑，留而为潭，白石山溪流瀑布又是一景。白石山森林公园内，十瀑峡瀑布群位于白石山园区西麓燕山期花岗岩峡谷中，花岗岩地貌景观与瀑布流水交相辉映，形成了泉、瀑、石、松于一体的美丽景象。

十瀑峡源头为海拔 1400 米的龙虎泉。泉水自花岗岩岩缝中涌出，在峡峪间流淌，沿途汇集多股溪流，跌岩为多个瀑布。主要景观有双龙瀑、飞龙瀑、珠帘瀑、卧龙瀑等，其中最大的

十瀑峡

瀑布群为双龙瀑，落差 50 余米。

（三）大气景观

白石山气候一日数变，颇具神秘色彩，在海拔 1800 米处，常有云海出现，此时山顶云雾中时有“佛光”出现。“白石晴云”为广昌古十二景之一。诗云：“白石缭绕接边城，佳气葱茏万象呈。山石无瑕生穴壁，天风吹絮幻阴晴。千重密布观潮

白石山云海

涌，五色低垂濯锦明。莫怪峰头暂留住，甘霖迭沛慰苍生。”

自然资源

白石山西麓森林茂密，物种丰富，为华北地区物种多样性的中心地区之一。白石山植被茂密，森林面积 1800 多公顷，为野生动物生存的良好场所。区域内有国家一级保护动物华北豹、银狐等，以及山羊、獾、狍、松鼠、锦鸡、山兔等多种野生动物。

白石山区域内有乔木树种约 28 科 56 属 116 种，主要树种有桦、辽东栋、山杨、椴等天然次生林和少量的杨树、油松、刺槐等人工林。灌木类以胡枝子、榛子、荆条、沙棘、酸枣、乡线菊为主，约 30 科 52 属 86 种。蕨类植物约 16 科 31 属 38 种，草本植物 500 多种。另外，还有菌类、地衣、苔藓等多种低等植物以及鬼箭锦鸡儿、山核桃楸等国家二级保护植物。

历史人文

（一）白石山长城

白石山长城为明代长城，修建于 1573 ～ 1576 年之间。别处的长城如八达岭、慕田峪等都是砖砌的，而白石山长城则是由石头砌成的。白石山长城用毛石直接垒在花岗岩山脊上，依山势用石料将两面墙体砌好，中间用毛石和白灰土夯实，再用平面石头铺平上面。在山洼的地方，长城建得又高又厚，在险峻处，山崖便可当作城墙。城墙上有小水沟，通向专设的石槽，下雨天，可以通过石槽将水排到墙外，以免冲刷墙基。

白石山长城西北面筑有垛口，垛口也叫挡马墙。每个垛口上方有一处小孔，叫瞭望孔，垛口下方还有一处较大的孔，叫射孔。众所周知，长城上的敌楼应骑墙而立，但在白石山长城墙体外 30 多米处建有两座敌楼。这一现象自古被誉为白石山

白石山长城

长城的“一怪”，而这“一怪”也充分体现了古长城建设中因地制宜的设计思想。

（二）义和团

清光绪二十六年（1900 年），八国联军占领京、津、保等地区，并伙同清军“围剿”义和团，使得义和团在平原地区无法立足，不得不进入太行山区。各地的义和团首领集合到白石山云盘洞共同抗击侵略军，德国侵略军与清军至此，广昌义和团首领郭逢春率众与敌在此对抗一年多。涞源义和团大旗被德军抢走，1955 年，民主德国将此旗归还中国，现存放于中国国家博物馆。

（三）云盘洞道观

白云谷中峰崖林立，沟岔如枝，山谷右侧的山脊有高约200米的断崖，崖壁半腰有一洞，名云盘洞，洞内有一道观，原有正殿三间，两侧配厢房，正殿左右各一石洞暗室，洞外有住室两间。悬崖腰部有一条宽不盈尺，长十几米的木栈道，可通道观。

（四）古代国界

春秋时期，以白石山为界，分为代国、燕国；战国时期，白石山为燕国、中山国和赵国的界山；宋辽时期，白石山两侧分为两国。

野三坡

“如果不是有人发明了火车，如果不是有人把铁轨铺进深山，你怎么也不会发现台儿沟这个小村。它和它的十几户乡亲，一心一意掩藏在大山那深深的皱褶里，从春到夏，从秋到冬，默默地接受着大山任意给予的温存和粗暴。

然而，两根纤细、闪亮的铁轨延伸过来了。它勇敢地盘旋在山腰，又悄悄地试探着前进，弯弯曲曲，曲曲弯弯，终于绕到台儿沟脚下，然后钻进幽暗的隧道，冲向又一道山梁，朝着神秘的远方奔去。”

这段对“台儿沟”的文字描述出自当代著名作家、现任中国作协主席铁凝的短篇小说——《哦，香雪》，小说中提到的“台儿沟”原型即是野三坡的苟各庄村。如今，途径苟各庄站的绿皮火车依然还在，但苟各庄村，早已不再是京原铁路上那个封闭的小山村。2016 年河北省首届旅发大会后，苟各庄村更名为百里峡村。苟各庄虽已发生了翻天覆地的变化，但以小说《哦，香雪》主人公“香雪”命名的香雪广场，却满是年代感与复古的气息，仿佛向我们诉说着曾经的绿皮车时光。

野三坡晚霞

如今的香雪广场，位于野三坡百里峡景区和百里峡艺术小镇入口处，毗邻野三坡智慧运营中心和拒马河。40 多年过去了，野三坡也已经是别有一番天地，恐怕就是连香雪也不认识了。

概述

野三坡位于保定市涞水县境内，是太行山与燕山两大山脉的交汇处，距北京 100 多公里，与北京接壤 110 多公里，总面积 498.5 平方公里。野三坡景区内旅游资源丰富独特，享有“世外桃源”之称。野三坡是世界地质公园、国家 5A 级旅游区、国家级重点风景名胜区、国家森林公园、国家地质公园、中华环保生态示范区、中华世界语旅游基地、全国农业旅游示范点、国家文化产业示范基地、国家生态旅游示范区、全国科普教育基地、2018年中国品牌旅游景区之一。

这里有酷似桂林山水的拒马河风光，形如鬼斧神工的峡谷奇观，幽深奇异的溶洞，神秘离奇的怪泉，谜底难解的金华山，森林蔽日的白草畔，又有巍峨的长城、苍劲的摩崖石刻，古老的栈道、庙宇，保存完好的古智人化石和平西抗日烈士陵园。这里春季山花遍野，景色宜人；夏季清凉避暑，沁人心肠；秋季山果飘香，天高气爽；冬季银装素裹，分外妖娆。

可以说，野三坡风景区是中国北方极为罕见的融雄山碧水、奇峡怪泉、文物古迹、林木花草、鸟兽鱼虫、名树古禅于一身的综合性风景名胜区。比起白石山而言，野山坡更是多了一个“幽”字，因而享有“世外桃源”之美誉。

主要景观

（一）百里峡景区

百里峡景区位于涞水县县城西北75公里处，全长52公里，总面积110多平方公里，由十悬峡、海棠峪、蝎子沟三条峡谷组成。十悬峡、海棠峪、蝎子沟三条峡谷形如鹿角，谷内奇峰耸立，绝壁万仞，草木横生，曲折幽深，千姿百态的岩溶壮景，堪称奇绝的大自然“百里画廊”。

进入百里峡谷口，映入眼帘的是长12.5公里的蝎子沟。此沟虽名蝎子沟，并非是由于蝎子在这里聚居，而是因为这里遍地都是蝎子草。在蝎子沟，有龙潭映月、摩耳崖、铁锁崖等景观。在百里峡中路，长17.5公里的海棠峪与蝎子沟类似，因为峪内遍生野海棠而得名。海棠峪内有老虎嘴、一线天、回首观音、天桥拱立等特色景观。尤其是每年处暑后至白露节气间，满山遍野的野海棠红遍山谷。百里峡左路是长22.5公里的十悬峡，因在峡内分布着数十个造型各异的悬崖而得名。峡谷内有“抻牛湖”瀑布、灵芝山“水帘洞”、弧形悬崖形成的“不见天”、令人费解的“怪峰”、峭崖剔透的“雄狮出世”等景点，可谓步步有景，如入童话世界一般。

回首观音。海棠峪的回首观音，是崖壁侧面的一块天然岩石，因形状酷似观音菩萨回头眺望而得名。回首观音是由于岩层中发育了多组垂直宏大的裂隙，后形成岩柱，又经长期风化作用才形成的。让人不禁感叹大自然的造化神功。

汉城堡。百里峡的汉城堡是一座仿汉建筑，采用了抬梁式和穿斗式的建筑风格，较为完整地还原了汉代城堡的建筑风貌。这里曾是1992版《三国演义》的外景拍摄基地，剧中诸葛亮便是在这里摇扇抚琴，巧施空城计，吓退了司马懿的数万雄兵。

老虎嘴。老虎嘴是海棠峪的第一大绝景，也是百里峡景区中最凉快的一处所在，常年最高气温只有17摄氏度。老虎嘴奇观的形成是由于70万年以来新构造运动多次抬升以及间歇性的洪水涡流多次侧向侵蚀而形成的。当峡谷相对稳定时，流水向侧向侵蚀，涡流的掏蚀作用使岩壁上形成侧向凹坑；当峡谷上升时，流水下切和稳定期流水侧向侵蚀交错进行，就会在岩壁两侧留下犬牙交错的侧坑。由此可见，在新构造运动时期，由于峡谷抬升速度的不同，从而形成了不同的地貌形态。抗战时期，老虎嘴作为天然屏障，曾经隐蔽过很多当地的老乡及平西兵工厂的机械设施。当时的老虎嘴没有路，全是断壁，只能沿小道从山梁上翻过去。而虎泉的水更是常年不竭，在反“扫荡”时期，极大地保证了军民的日常生活用水。

一线天。一线天是百里峡最窄的地方。这里悬崖峭壁，雄

百里峡—老虎嘴

险惊心，窄涧幽谷，天光一线，有“双崖依天立，万仞从地劈”的意境。一线天最窄处只有 0.83 米，这种景观的形成是由于岩层发生了宏大的垂直构造裂隙，后经物理风化作用，岩层沿节理垮塌，间歇性洪水冲刷谷底并侵蚀两壁，使垂直地面的裂隙不断扩张，从而形成十分狭窄的峡谷，因此便有了一线天。

（二）鱼谷洞景区

鱼谷洞景区位于野三坡中部，是以奇泉怪洞为主体的自然风景区。景区内山清水秀，泉洞奇幽，四季皆游，洞内常年温度在 13 摄氏度左右，是理想的休闲、探险旅游胜地。鱼谷洞纵深开发 1800 米，分五层，每层均分布着不同景观，极具观赏和科考价值。

鱼谷洞景区内主要景点有钟乳石、石笋、石柱、石旗、石

鱼谷洞景区

鱼谷洞

幔、石盾、石晶花、石瀑布等。这里丰富的钙化体之上生长出形形色色、千奇百态的石柱、石笋，皆栩栩如生，惟妙惟肖。

鱼谷洞泉水甘洌清凉，常年涌水不息，水中富含多种有益于人体的矿物质微量元素，是难得的天然矿泉水。每逢谷雨节气前后，鱼谷洞就会不断地向外喷鱼，其原因尚不可知，鱼谷泉也因此成为世界“八大怪泉”之一。

（三）龙门天关景区

龙门天关景区是集自然、历史、民俗文化于一体的旅游胜地。上天沟内有九瀑、十八潭和万亩次生林，步游其中，瀑布清泉，古树磐石，如入仙境。龙门天关景区内主要景点有天犬待月、思过瀑、天梯瀑、大龙门城堡、摩崖石刻、奥运碑林等，此外还有明清时期摩崖石刻30余处。龙门天关是京都通往塞外的重要关隘，是历代兵家必争之地，素有“疆域咽喉”之称。明清均有重兵把守，因而留下了大量人文历史遗迹，亦有“历史文化长廊”之称，其中大龙门城堡、摩崖石刻、蔡树庵长城等三处被列为河北省重点文物保护单位。此外，景区内还保存有明代嘉靖年间修建的，供奉玄武大帝和碧霞元君的二圣祠、古炮台等。

龙门天关主峰天柱峰海拔1099米，气势磅礴，草木茂盛，百花齐放，百鸟争鸣。谷内山泉涌出，飞泻群峰，玉龙飞舞，银花飞溅，有九瀑、十八潭之自然美景，给峡谷带来无限生机。峡谷中奇峰林立，花岗岩地貌景观壮美、奇特，有玄武、鱼鳞石、千层岩等地质景观。

龙门天关景区内动植物资源丰富，据植物专家考察统计，有维管植物三大类（蕨、裸子、被子）约82科309种（含变种），野葡萄、山核桃、山榛子等野果随处可见，9000余亩次生林郁郁葱葱，山羊、山鸡、野兔、松鼠等野生动物时常出没林间。

摩崖石刻。大龙门城堡西北 0.5 公里处的龙门峡，两侧山崖峭壁上留有 30 多处摩崖石刻，都是明清时期驻守关隘的武官留下的真迹。其中以“万仞天关”“千峰拱立”最为醒目，其余题字大小不等。石刻内容可分为两类：一类为描述关山险要雄伟，以振军威，这一类多用楷书写成，字迹遒劲浑厚，笔力顿挫沉雄，各具风格；另一类则是描述这里山河秀丽俊美，以激发将士和民众的爱国热情，这一类多用行书、草书写成，运笔潇洒自如，是难得的珍品。这些石刻为今人研究古代书法

龙门天关摩崖石刻

艺术提供了大量的参考资料。

官帽山。官帽山因其山峰酷似明朝的官帽而得名，登上官帽山寓意事业上步步高升，职场上前程似锦。官帽山峡谷内景色似天庭仙境，谷内植物茂密蔽日，道道瀑布飞流直下，气势磅礴，十八潭清泉恰似珍珠镶嵌其中，万亩原始次生林郁郁葱葱，动植物资源异常丰富。步入其中，山泉溪水，古树磐石，悬空栈道，相继映入眼帘，如入仙境。

（四）白草畔景区

白草畔位于野三坡的上坡，是野三坡景区的最高点，海拔1983米，与京西百花山为姊妹峰。白草畔景区作为以森林景观为主的山岳型森林公园，集山海、云海、林海等景观于一体，10余万亩天然林地密密匝匝，郁郁葱葱，形成京西太行山山脉中一颗璀璨的“绿色明珠”。白草畔景区地形地貌复杂多样，山势刚劲挺拔，森林原始自然，花草种类繁多，山泉清甜甘洌，野生动物经常出没，春夏秋冬异彩纷呈。层层山峦巅连巅，座座山峰时隐时现，山野密林郁郁葱葱，恰似仙境挂天边。景区内因山脉高耸，故气温相差较大，常年最高气温在22摄氏度左右，是极佳的避暑疗养胜地。

白草畔景区地质复杂，自然环境保存完好，独特的山地气候，栖息生长着众多野生动植物。据统计，白草畔共有野生脊椎动物184种，其中鸟类125种，鱼类13种，两栖类2种，爬行类15种，哺乳类29种。其中国家重点保护动物15种，如狍子、青羊、狼、褐马鸡、黑雕、金雕、勺鸡等，此外还有100余种昆虫。在植物方面，白草畔山上垂直分布着4个植被类型，15个植物群系，其中有珍稀植物数十种，如百花山花楸、东陵八仙花、金露梅等。紫丁香、野玫瑰、杜鹃花、照日白等各色山花漫山遍野。白草畔共有种子植物92科700余种，蕨类植物 15 科 60 种，药用植物 200 余种。这里地被植物丰富，覆盖率达 95%，树木、花草随季节更替和山势高低不同而变幻色彩，堪称“天然植物标本库”。

白草畔因季节更替色彩随之变幻，四季皆景。春来冰未消融，杜鹃花、紫丁香、野玫瑰次第绽放，花开遍野，清香醉人，沁人心脾；夏至树叶繁茂，郁郁葱葱，在此避暑，清风送爽，凉意浸身；秋到层林尽染，姹紫嫣红；冬临银装素裹，冰瀑漫川，分外妖娆。有诗云：“绿色明珠白草畔，杜鹃遍插山野间。奇石飞来何人晓，高处桦松山巅兰。上有清泉下连川，一地四季不同天。道是春意催人至，冰未消融花更艳。”

白草畔景区分风动石、白草畔和石城岭三条旅游线路，主要景点 28 处，尤以风动石、石城岭日出和冰川赏花等景点最为引人入胜。

风动石。在白草畔景区海拔 1350 米处，有一巨石，长约 5.5 米，高约 4.8 米，其形态恰似一个仰放的馒头，当地人称“馒头石”。此石结构成分为中生代火山岩基础上发育而成的安山岩。其庞大的体积仅以极小的两个支点支撑着，且处于斜坡之上、悬崖之边，还有三分之一体积探出崖外。其着地面积还不足其体表面积的千分之一，给人一种只需一个手指稍加用力便可推下悬崖的感觉。当山风吹来，林涛阵阵，树木摇曳，此石也好似随风而动，故取名“风动石”。对于风动石体积之大，位置之险，成因之奇，人们历来是众说纷纭，从而留下了一个千古之谜，此石便也堪称“天下绝石”。究其成因有以下几种说法：其一，此石为天外来客即陨石，自天上坠落于此。后山体虽经长期风化，但该石却变化甚微，并最终形成现在的状况；其二，该石在周边还未坍塌之前，就滚放于此，后经地质变化形成了石下断崖及周围的斜坡，造成了这种搁置于悬崖边的险境；其三，该石有一个古老的历史传说，在西汉末年，王莽篡位，当刘秀被追至白草畔时，已饥饿难当，恰遇一道人施舍了一个馒头，刘秀刚要吃时，王莽的追兵已近，刘秀丢下馒头做诱饵，顺利脱离了险境，后来这个馒头就变成了一块巨石，所以当地人也称其为“馒头石”。现在风动石又被称作“幸运石”“好运石”“不倒石”。

天然林地。白草畔景区内有各种自然景观，千米以下的大片松林生机勃勃，四季长青；千米以上的白桦林密密匝匝，颀秀俊美。各种野生植物有油松、火炬、硕桦、五角枫、鼠李、刺玫蔷薇、棘皮桦、胡枝子、东陵八仙花、白桦、大叶白蜡树、映红杜娟、暴马丁香、照山白、甘肃山楂、核桃楸、蒙古栎、

风动石

大花溲疏、山杨等 20 余种；野生动物有蛇、松鼠、獾、野猪、狍子、雉鸡、黑鹳、褐马鸡等 10 余种；还有刺五加、五味子、知母、柴胡等多种野生药材。

冰川杜鹃。每逢春季气候变暖，白草畔的山上，便是杜鹃花迎春绽放，丁香吐蕊，杨柳飞絮，但其根部依然被冰雪所覆盖，白色冰川与绿柳红花相互映衬，美不胜收。每年五一前后，山下春意融融，鸟语花香，而山上仍有长达 100 多米的冰川，形成“一山有四季，上下不同天”的景观，这种奇特的“五月冰川”景观，令许多旅客赞叹不已。

高山草甸。白草畔景区内银白色的山梨花、橙黄色的橐吴花、淡紫色的老冠草、艳红色的野玫花、金灿灿的金莲花争奇

冰川杜娟

高山草甸

斗艳。看百花芳草，闻绿野清香，心情格外舒畅。头顶的蓝天纯澈高远，远方的山脉逶迤磅礴，脚下的花草葱郁繁茂，耳畔松涛阵阵，多种名贵中草药栖身其中，吸水引露释放着大自然的神奇。春、夏、秋三季都有应时的山花开放，紫丁香、野玫瑰、杜鹃花等漫山遍野，清香扑鼻，沁人心脾。

（五）地质地貌

野三坡遗迹地质类型独特，其地处特殊的大地构造位置，雄踞紫荆关深断裂带北端之上，多次强烈的构造运动和岩浆活动造就了野三坡内容丰富、景观宏伟、类型齐全、独具特色、典型稀有的地质遗迹。野三坡集自然风光、人文历史景观于一体，浓缩了华北地区 30 亿年来的地质构造演化史，是一部内涵深刻的地质教科书，一座大自然的地质博物馆，已成为地质科学研究和科学普及的理想基地。

这里有雄伟、险峻、神奇、幽深的百里峡，气势磅礴、巍然矗立的龙门天关及深邃莫测的鱼谷洞，充分体现了野三坡内容丰富、类型齐全、典型独特的地质遗迹特点，造就了它峭壁千仞、如箭插天之雄；危崖绝壁、夹涧而立之险；怪石嶙峋、千姿百态之奇；深邃曲折、移步换景之幽。

历史人文

（一）文化遗存

人类在三坡镇区域活动的痕迹可以上溯到远古时期。这里距离“北京猿人”“山顶洞人”发掘遗址周口店 40 余公里，距涞水智人遗址 30 余公里。20 世纪 80 年代，省考古队曾有计划地发掘罗府窖遗址，该遗址位于三坡镇所辖都衙村村南 400 米处，地表暴露的陶片俯视可见。遗址东部有一段南北长 60 米，残高 20 米的土城墙，在其南端发现灰坑和陶窑各一处，采集的陶片以夹砂灰陶为主，也有少量的夹砂红褐陶和泥质灰陶，多为手制和轮制，器形有瓮棺、罐、甗、豆等。从发现的文物看，该遗址为战国时期的城址。由此可见，早在上古时代，人类便已经在这里共同创造华夏文明。与野三坡地区其他景观一起，这里已经形成了集地质变迁、生物演变、人类进化三位一体的珍贵遗存，是重要的人类文明发祥地之一。

（二）抗战文化

抗战时期，边区的“文化八路”长期在野三坡一带活动。除了挺进军所辖“挺进剧社”以外，“西北战地服务团”“战线剧社”“抗敌剧社”，以及其他敌后文艺团体，如“冲锋剧社”“烽火剧社”“长城剧社”“尖兵剧社”“抗大二分校文工团”“华北联大文工团”等都曾在此长期工作，还有田间、李公朴、邵子南、魏巍、罗浪、曹火星、王莘、李志民等文化名人也都曾在这里工作、战斗过，并创作了大批脍炙人口的文艺作品，为抗战文化留下了浓墨重彩的一笔。其中，著名歌曲《没有共产党就没有新中国》和歌剧《白毛女》的雏形就诞生在三坡镇区域。那些动人的故事、情节、人物、歌词、旋律早已成为现代中国人的文化记忆和文化心理的一部分，是中华民族不朽的文化经典。

（三）龙门天关长城

龙门天关沿小西河逆流而上，为龙门天关长城文物保护区。此地山峰挺拔，断崖绝壁高耸入云，山谷中清泉溪流激浪奔腾，景色尤为壮观。自古以来，这里便是京都通往塞外的交通要道和兵家必争之地，金、明、清各代都把此地视为军事要塞，派重兵把守。所以，野三坡景区内有许多文物名胜遗留至今，现有的大龙门城堡、蔡树庵长城、摩崖石刻等都是河北省重点文物保护单位。

大龙门长城位于涞水县北偏西的金华山北侧，此段长城建于明代中期，全长约 23 公里，西连涿鹿县马水口，中经涞水大龙门、蔡树庵、柏林城、岭南台，东接北京市的小龙门，沿城共有敌楼 7 座、战台 5 个、烽火台 4 个、城堡 1 座。

经查，大龙门长城可分东、中、西三段，其中东、西两段因峰峦叠嶂、峭壁悬崖而形成天然屏障，多为以山代墙，只在凹处或易行人马处筑墙，中段地处金华山脚下，山势较缓，多以筑墙为主，形成了一道人工筑成的防御屏障。1982 年 7 月，龙门天关长城被列为河北省重点文物保护单位。

龙门天关长城

（四）大龙门摩崖石刻

大龙门摩崖石刻位于大龙门城堡西北 0.5 公里处，两面高峰耸立，峭壁如削，是一处“一夫当关，万夫莫开”的军事要塞。龙门峡摩崖峭壁上刻有许多古代名人的题诗题词，景色蔚为壮观。1982 年 7 月，大龙门摩崖石刻被列为河北省重点文物保护单位。

狼牙山

狼牙山坐落在保定市易县西部的太行山东麓，属太行山山脉，距易县县城 45 公里，因其奇峰林立，峥嵘险峻，状若狼牙而得名。

“巍巍燕山高，潇潇易水寒。英雄五壮士，威震狼牙山。”狼牙山因“狼牙山五壮士”的事迹而声名远扬。

概述

狼牙山位于保定市易县境内，处于太行山与燕山交接地带，近临京津保区域，这里素以雄、奇、险、峻著称，山体森林覆盖率达 70%。狼牙山因抗日战争时期，5 位八路军战士英勇抗击日本侵略军，舍身跳崖的英雄壮举而闻名于世。

狼牙山为西南——东北走向，其范围西至漕河纵向河谷的五勇村、甘河、猫尔岩一线，南至管头、娄山、西山北一线，东至胜利南渠的燕王岭、野沃、狼牙山林场。

狼牙山既是红色英雄山，更是绿色生态山，系河北省级爱国主义教育基地、国家级爱国主义教育示范基地、全国百家经

典红色旅游景点、国家级森林公园、国家 4A 级旅游景区，景区内有历史景观、自然景观 50 多处。

主要景观

狼牙山风光秀美，森林茂密，漫山遍布苍松翠柏，流泉飞瀑，羊肠小道曲折盘旋。狼牙山四季俱有佳景：春风拂来，遍山碧绿，山花争艳，溪水潺潺，云雾缭绕；夏季山风凉爽，不知盛暑；秋则霜叶染红，野果压枝；冬雪后，银装素裹。

山上有红玛瑙溶洞、风动石、仙人桥、南天门、饮虎池、拦马墙、孙膑洞等自然奇观，还有老君堂、三教堂、蚕姑庙等众多的文物古迹，素有“北方小黄山”之称。

（一）莲花峰

狼牙山主峰莲花峰（因形似大莲花瓣而得名）海拔 1105 米，位于狼牙山的西部，晴朗的清晨或黄昏，站在保定城楼，可见

远眺狼牙山

远达百里的千仞万壑的狼牙山雄姿。

（二）棋盘坨

棋盘坨为狼牙山的主要山峰之一，是狼牙山五坨之一。棋盘坨顶峰的下面，有一块天然形成的酷似棋盘的岩石，约三尺见方，石面纹理纵横，传为道祖太上老君同上仙宛丘弈棋，遗棋盘于此故名。后孙膑隐居修道该处，又在于此不远处的另一块平面岩石上用利錾人工凿成一幅棋盘，供游人对弈。民国《易县志稿》载："棋盘坨在易县西南95里，郎山（老君堂所在的褡裢峰）之西，高数里，四周高峰，一径可入，上有石棋盘，又有三池，清泉不竭。"棋盘坨一侧为悬崖峭壁，一侧为古树虬枝，身畔云雾缭绕，置身于此，如临仙境。

棋盘坨下有三教堂，中祀太上老君，左祀释迦牟尼，右祀孔氏仲尼。其下为孙膑洞，再下为建于唐代的九姑奶奶庙，另有仙人洞。棋盘坨东侧下方有一道观，曾住道士数人，相传李

鸟瞰棋盘坨

圆忠道长曾出家于此。

棋盘坨底部有西水寨，其西南侧的峨眉山、众军山，皆为古战场。由西水寨攀登，可达西天门，径路两侧山体如刀削斧劈，石笋如宝瓶。

（三）蚕姑坨

蚕姑坨，又名姑姑坨。蚕姑坨位于狼牙山东部之北山，乃狼牙山五坨之一，其山势险要，风景优美。蚕姑坨北有玉皇坨，南有龙门坨，东有仙人坨，西有松树坨，与五指坨遥相对称。

（四）南天门

站在蚕姑庙向下俯瞰，有一座山峰状如手掌，中间有一天然石洞，此山名曰南天门。南天门的形状不仅体现了大自然的鬼斧神工，而且在这里还有着一个美丽的传说。据当地人口耳相传，蚕姑圣母在蚕姑坨修炼成仙后，将南天门一掌破峰成“门”，由于“门扇”推进了黄河里，从而形成了现在的南天门。据说，现在南天门的“门”下边还有车轱辘印，正是蚕姑圣母乘车飞仙时留下的。虽然这仅仅是一个传说，但南天门已经成为蚕姑坨最有名的景点。

（五）红玛瑙岩溶洞

在西天门附近，有一个红玛瑙岩溶洞，位于狼牙山半山腰东侧，海拔 500 米，洞内套洞，钟乳石千姿百态，暗河常流。红玛瑙溶洞是我国首次发现的红玛瑙质构成的自然景观，形成时间距今已有 16 亿年。据传是王禅老祖打坐参禅的洞天福地。据专家考证，洞中有生命早期形态的海藻类植物化石，通过对叠层石基本纹层的分析，可以判断出远古时期昼夜、潮汐与季节变化的关系，这是认识古代地球物理演化的重要生物标本信息。

（六）迷魂谷

仙人桥下有一深谷，名曰迷魂谷。谷内奇石林立，其中有酷似阴曹地府的牛头马面的奇石最为有名。迷魂谷有一天然屏障，绵延数百米的城墙，崖壁千尺，一削到底，险不可攀，顶部有数千只小铜铃错落垂下，风吹铃声悦耳。距迷魂谷不远处有一崎岖小径，只容一人侧身而过，小径两旁的峭壁兀立对峙，只见一缕青天，不见阳光，四季幽暗、阴森、冷寂，此径名为一线天。

（七）其他景观

过了西天门，有多处奇峰、怪石、洞穴。如棒槌崖、黄罗伞、老虎洞、老虎嘴、饮虎池、相思谷、仙女泉、无底洞、镇

南天门

妖石，还有一块奇特的阴阳石，阳面似武将，阴面犹如仕女，当地人称“媳妇头”。沿2900级登天梯石阶，可直达棋盘坨，坨顶建有狼牙山五壮士塔，塔西的莲花峰，即五壮士跳崖处。莲花峰与擎天柱、小石林、红云崖等自然景观毗连。坨西有胭脂湖。据《易县志稿》载，坨西南的众军山下为马兰涧，人不能入。其南为黄伯阳洞，另有倒挂莲花洞。坨北有天险阎王鼻子、小鬼脸。

历史人文

（一）得名传说

狼牙山原名郎山，因汉武帝时太子刘据之子为躲避“巫蛊之狱”避难于此而得名。汉武帝晚年多病，疑其左右施巫蛊所致，涉及皇后、太子、公主等亲属，太子刘据自杀，其子远遁该山，故名。郎山下原有西晋太康元年（280年）诏锡郎山君（汉武帝孙）及其子触锋将军的父子法祀碑与郎山君祠、触锋将军庙。后因“郎”与“狼”谐音，亦名狼山。又因山峰耸立，危峰参差迭起似狼牙，改称狼牙山。“狼山竞秀”为古易州十景和古城保定八景之一。清吴振棫《养吉斋丛录》中记载：“康熙二十二年，圣驾过此，勒马连发三矢，直逾巅峰，居民因呼为三箭山。”

（二）英雄事迹

1941年9月25日，3000多日伪军在飞机大炮的掩护下，兵分九路围攻狼牙山地区的抗日根据地。为掩护主力部队和群众安全转移，班长马宝玉等5名八路军战士把敌人引上绝路。五勇士与敌苦战数小时，最后弹尽石绝，他们宁死不屈，相继跳下悬崖。其中马宝玉、胡德林、胡福才三位同志为国捐躯，葛振林、宋学义两位同志被山腰的树枝挂住，幸免于难。五勇士用鲜血和生命抗击日寇的英雄气节和民族精神，彪炳千秋，震惊中外，并将永远铭刻在人民心中。2014 年 9 月 1 日，为永远铭记抗日英烈的不朽功勋，大力弘扬爱国主义精神，凝聚实现中华民族伟大复兴的精神力量，经党中央、国务院批准，民政部公布了第一批在抗日战争中顽强奋战、为国捐躯的 300 名著名抗日英烈和英雄的群体名录，“狼牙山五壮士”赫然在列。

五勇士陈列馆位于狼牙山登山入口处，落成于 2001 年。该馆占地面积 816 平方米，建筑面积 300 平方米，由杨成武将军题写馆名。馆内设有珍贵图片、历史资料、抗战文物、战斗场景等 4 个展厅，生动再现了当地抗日军民在党的领导下，抗击日寇、保家卫国的悲壮历史和英雄业绩，是进行爱国主义和革命传统教育的重要场所之一。

五勇士纪念塔巍然矗立于棋盘坨顶峰，历史上曾二毁三建。1942 年 9 月底，建成“三烈士纪念塔”，后被日军山炮击毁。1959 年，易县人民政府重修纪念塔，后因地震遭到严重损坏。1986 年，河北省委、省政府第三次修建“五勇士纪念塔”，并举行了隆重的落成典礼仪式。新塔呈正五边形，塔身正面嵌有聂荣臻元帅题写的“狼牙山五勇士纪念塔”九个金色大字，五勇士浮雕镶嵌在与塔底同高的一面汉白玉旗上。目前，这座屹立山巅的英雄纪念塔，既是红色教育的制高点，也是凌虚览胜的观景台。

（三）狼牙山文化博物馆

狼牙山文化博物馆于 2017 年 7 月 1 日落成，建筑面积 1 万多平方米，其中展厅面积约 4200 平方米。博物馆以“传承红色基因、弘扬民俗文化、展示奇石魅力”为主题，采用文物、历史图片、雕塑、写实人像、场景复原、多媒体等表现形式，着力打造易县和保定地区的爱国主义教育基地、非遗保护示范

狼牙山五勇士纪念塔

基地、赏石文化展示交流平台和狼牙山景区旅游新名片，是目前狼牙山地区规模最大、档次最高的红色文化博物馆。

在狼牙山文化博物馆可以寻找民族记忆、传承文化基因、学习科普知识、唤醒悠悠乡愁，是涵育社会主义核心价值观、弘扬中华优秀传统文化的知识殿堂。

（四）北娄山烈士陵园

北娄山烈士陵园位于狼牙山下北娄山村村东 1.5 公里处，建于 1958 年，占地 20 亩，植树 1000 余株，松柏苍翠，庄严肃穆。这里安葬着抗日战争时期牺牲的烈士 1156 名，其中有 1941 年 9 月在狼牙山战斗中牺牲的烈士 463 名。狼牙山五勇士中的马宝玉、胡德林、胡福才 3 位烈士亦长眠于此。1983 年 4 月，陵园被列为县级文物保护单位。

（五）三教堂

三教堂位于棋盘坨仙弈石下方，是依洞而建的一处殿堂。因其供奉“儒、道、释”三教之祖孔子、老子、如来佛于一堂，而形成全国独一无二的“三教文化”，是文化兼容的典型代表、万法归宗的历史见证，彰显出狼牙山文化底蕴的雄浑与厚重。

（六）御射碑

御射碑刻于北魏时期，记录了北魏太延元年（435 年）太武帝拓跋焘东巡御射之事。历来名重艺林，被考古界、书刻界视为文化瑰宝。御射碑位于棋盘坨山下南管头，现已成残碑，为著名书法家林鹏所藏。《水经注碑录》附御射碑拓片图，图右上角有著名考古金石学家罗振玉题跋。历史学家傅振伦著文称：“这是易县最古的石刻，在河北亦颇少见”。“御射碑高六尺，广二尺三寸余，书法是魏碑中上乘之作，似爨龙颜碑”。郦道元《水经注》中载：“徐水（漕河）三源齐发，齐泻一涧（漕河上游有三源，至南管头汇成一流），东流北转经东山下，水西有御射碑。徐水又北流西屈经南山下，水阴又一碑。徐水又随山南转经东崖下水际又有一碑。凡此三铭，皆翼对层峦，岩障深高，壁立霞峙。石文曰：‘皇帝以太延元年十二月，车驾东巡，经五回（岭）之险邃，览崇岸之竦峙，乃停驾路侧，援弓而射之，飞矢逾于山岩，刊石用赞元功’。夹碑并有层台二所，即御射处也。碑阴皆刻树碑官名”。

（七）蚕姑庙

蚕姑庙位于狼牙山东侧的蚕姑坨上，为北魏时期所建。据碑文记载，蚕姑庙历史悠久，蚕姑庙祀黄帝之妃嫘祖，因教人植桑养蚕，被奉为“蚕姑圣母”。此后历代修葺，是一座千年古观。唐代以后，历朝设先农坛，“祀嫘祖为先蚕”。高山之

花团锦簇狼牙山

上，白云缥缈，苍松翠柏，碧瓦红墙，香客不断，人山人海，犹如长龙，往返于群山峻岭之间，甚为壮观。

五代后晋时期，易州（今易县）陷入辽国。孙深意曾住持于此，羽化后，其侄孙方谏、孙行友兄弟以蚕姑坨为寨，抗击辽军。

（八）老君堂

老君堂建在万丈悬崖上，地势险要，易守难攻，崖上摆摩崖石刻“仙境”二字。老君堂即汉武帝太子刘据之子避难处，郎山之名由此始。褡裢坨山势极为陡峭，老君堂即在狼牙山之褡裢峰半山腰处，依天然洞穴而建，供奉道教三清之一的太上老君，因建于悬崖，又称通天观。

1941 年 9 月，八路军在狼牙山阻击日军，一分区一团七连掩护数万名干部群众突围，指挥部就设在老君堂，指挥棋盘坨、蚕姑坨及老君堂附近抗击日军的战斗。爱国道士石海忠、李圆忠曾于此巧斗日本兵并保护军用物资，在 1943 年秋后的反“扫荡”中，石海忠还于此照料杨成武养病。

（九）燕王仙台

燕王仙台，又名燕昭王仙台。郦道元《水经注·易水注》载：“郎山东北，燕王仙台东，台有三峰，甚为崇峻，腾云冠峰，高霞翼岭，岫壑冲深，云烟罩雾，耆旧言燕昭王求仙处。”《太平广记》卷二载：“燕王即位，好神仙之道，仙人甘需为王述昆台登真之事（在昆仑山登仙），去嗜欲，撤声色，无思无为，可以致道。”之后，谷将子告王曰：“西王母将降，观尔之所修，示尔以灵玄之要。”后一年，王母果至，与王游燧林（燕王仙台）之下。

大茂山

中国名山首推五岳，五岳是中华文化的兴盛之地。三山五岳是中华民族的摇篮，是华夏祖先最早定居的地方，对中华民族的历史文化发展与研究有着重要的意义。那么，北岳恒山在哪里呢？人们普遍认为在山西省大同市浑源县境内。其实，历史上的大茂山是北岳恒山的别称和特指。大茂山作为北岳恒山的别称，最早见于《隋书·地理志》，该志“恒山群”条下载：“滋阳，开皇六十年志，十六年又置……有大茂山。”有关大茂山作为北岳恒山的别称还可考于《括地志》《太平寰宇记》《太平御览》《山西通志》等。在古代，大茂山不仅是北岳恒山的别称，在相当长的历史时期内，大茂山还是恒山的特指。在《史记索隐》《五岳图》《名山记》中所记载的恒山范围，共同印证了这样一个事实，恒山的核心山体周长在一二十公里之内，换算成面积，大概是 13 平方公里，这与现在根据卫星照拍地图中的大茂山经纬度方格计算出来的面积大体一致。

风云迭起大茂山

概述

大茂山即古北岳恒山主峰，海拔 1869.8 米，位于唐县县城西北 75 公里石门乡与涞源、阜平交界处，地处太行山北段。大茂山奇峰林立，峰峦嵯峨；万亩森林公园，林海茫茫；千亩山顶草原，花草繁茂；石窟洞穴，佛道寺观，洞奥庙奇。这里不仅是佛道圣地，更是古时的军事要塞。从秦朝至明朝的 1700 多年的历史中，历朝皇帝均在大茂山祭祀。

大茂山山势雄伟突兀，几十座迭起的山峰高耸入云，以雄、险、奇、秀闻名于世。大茂山主峰东南侧 10 多平方公里的广阔山体，被层峦叠嶂的山头分割为教场沟、背翅沟、北谷、石人沟等巨谷深涧。山涧两侧绝壁倚天，溶洞、石窟、天井秘藏其上。峡谷里常年有响泉飞瀑，原始次生林遮天蔽日。夏秋紫气升腾，冬春白雪皑皑。林海云涛，花艳草丰，道观掩映，恰似人间仙境。“恒山积雪”最负盛名，为古唐县八景之一，历代文人墨客赋诗赞北岳无不提到它。

大茂山于 1990 年开始开发旅游，1997 年建立省级森林公园，2005 年建立国家级森林公园，是集经济、生态、旅游为一体的中型国有林场。2010 年，与倒马关风景名胜区整合为古北岳国家森林公园。2012 年，被评定为省级自然保护区，属于森林生态系统类型自然保护区。

主要景观

（一）水文景观

从大茂山发源的河流有阜平县的鹞子河、板峪河、平阳河，涞源县的南河，唐县的恒河（通天河），曲阳县的三会河（《水经注》中称长星沟），一山发源出六河（支流未计），国内实属罕见。其中恒河发源于海拔 1792 米处，板峪河发源于海拔

神仙的视觉大茂山

1739 米处，被专家誉为“中国北方最高的天潭”。大茂山其余景观还有老龙潭、玉龙潭、云崖瀑、天然鱼塘等

（二）地貌景观

大茂山地处华北古陆太行山北段东麓，根据同位素测定，基底层岩石年代在 21 亿～ 23 亿年之间。由于断块构造造成了区域内的山地沟深坡陡，山势雄伟峻峭，形成形如刀劈斧砍、秀峰林立、怪石嶙峋、姿态万千的地貌景观。

大茂山不仅具有山清水秀之神韵，更有雄伟奇险之气势。大茂山由 20 多座山峰组成，站在山顶，就可看到峰连峰、峰拥峰、峰压峰，峰峰争先的壮观景象。主峰太乙峰，似群峰之祖，爷爷峰、奶奶峰、媳妇峰、母子峰、贞女峰诸峰环列。峰顶的火山岩石林地貌为国内奇观。登峰极目远眺，天地苍茫，那连绵起伏的群山像波涛汹涌的大海，有“山登绝顶我为峰”之感。

在群山之中，隐藏着很多极具观赏价值的天然洞穴。在云遮雾障的西坡绝壁上，有神秘莫测的黄龙洞和黑龙洞，洞穴幽深弯曲，洞内有洞，碧水长年不断。这里还隐藏着被称为无底洞的几十座洞穴，这些洞穴都是天然形成，深不见底。还有些奇峰异石流传着很多美丽的传说，如石人沟、长寿石、老佛石堂、菩萨堂、棒槌山等。

（三）森林景观

大茂山的原始森林郁郁葱葱，遮天蔽日，脚下的蜿蜒小路被横生的灌木挤得模糊不清。越往上爬，山势越险，山林越密，脚下云来如雾，林海生烟。大茂山的林场面积有 2.4 万亩，其中人工油松林 8000 余亩，天然次生林 7500 余亩，林中藏匿着数以百计的自然景观。

南山上，有数百亩山桃，每当初春，那串串粉红色的花蕾，在春风的抚摸下，由下向上逐层开放，花期持续 20 多天。从春到夏，漫山遍野的野花野草，万紫千红，竞相斗艳，宛如一片花海。

在顶峰南侧的跑马梁上，有数百亩开阔地。传说这是杨六郎的练兵场。每到温热季节，这里绿草如茵，繁花似锦，徜徉其间，仿佛到了塞外草原。

自然资源

大茂山有原始森林 2 万多亩，其中生长着包括苔藓植物、蕨类植物、裸子植物、被子植物、大型真菌等高等植物 502 种，还有油松、白桦、山榆、白杨、翠柏、山杏、核桃、山神木、野葡萄等野生植物，浓荫下人参、灵芝等中草药以及黄杨球、野山茶等野花生于其间。大茂山地区有昆虫 630 种，其中陆生脊椎动物 118 种，古北种 74 种，东洋种 8 种，广布种 36 种，狍子、黄羊、小松鼠等野生动物在灌木丛中忽隐忽现。这里是动植物的王国，是生物多样性的典范，是人与自然和谐相处的乐园。

大茂山属暖温带针阔混交林带，保存有大面积的原始次生林，植物随海拔和气候的梯度变化呈垂直分布，其主要群落有亚高山草甸、针阔混交林、落叶阔叶林、低山灌丛等。原始次生林郁郁葱葱，遮天蔽日，森林覆盖率高达 56.6%，山体上长满了松、柏、杨、桦等树木，特别是那万亩翠绿的油松，以它特有的挺拔刚健之姿，给人以生生不息、欣欣向荣之感。

历史人文

大茂山即为古恒山，是华夏五岳之一，又名常山，其峰顶为神山尖，俗称奶奶顶。《水经注》中称为玄岳，又称镇岳，即北岳镇山或并州的镇山。因恒山上寺庙众多，传说为神仙所居，故又称神仙山。

大茂山自古就是历史文化名山。黄帝向太乙真人问道大茂；“黑帝”颛顼治此山；唐尧行猎、虞舜巡狩于此；赵简子曾通过假称在恒山埋宝符选继承人；秦始皇第四次东巡回咸阳时路过恒山；汉武帝曾在恒山上埋过元玉。历代帝王祭祀“北岳”长达 1000 多年，大茂山还是道教圣地、佛教名山、军事要塞，抗日战争时期为著名的抗日根据地。至今，大茂山地区还保留着大量人文景观——北岳庙、北岳行宫、奶奶庙、老佛石堂、牛蹄寨、岳王庙、关帝庙、大岭口关隘、校场、跑马梁等。

（一）古北岳

西周时期，大茂山被定为五岳之一——北岳恒山的主峰。西汉神爵元年（前 61 年），汉宣帝颁发诏书禅封大茂山为北岳，与泰山、华山等齐名。《汉书·郊祀志》载：汉宣帝神爵元年，定泰山为东岳，华山为西岳，衡山为南岳，恒山（大茂山）为北岳，嵩山为中岳。因避汉文帝刘恒名讳，把恒山改名常山，今通称大茂山。之后的 1700 多年里，历代帝王到此祭祀，直到清顺治十七年（1660 年）才移祀山西浑源。

（二）道教、佛教圣地

按道家说法，恒山位列洞天福地之中，是三十六小洞天之第五洞天，居住着北岳神——安天王，有稳定四方，安定天下之意。

恒山还是一座佛教名山。东晋时期，中国十大名僧之一的释道安，于东晋永和十年（354 年）率 500 信众至太行恒山建寺塔，传教说法，各地慕名而来者甚众。后为一代佛坛宗师的慧远及其弟慧持，即是于此时来恒山学道受戒的。之后，逐渐形成了以释道安为核心的恒山佛教僧团。

（三）历史遗迹

大茂山山顶，现有北岳庙、玉皇庙、三霄圣母庙、药王庙、眼光庙、关帝庙等寺庙。唐县和涞源县分别在大茂山东侧、北侧建有北岳行宫。

相传，古时大茂山有 72 座庙宇，后由于战乱，均遭到破坏。现在山阳褶皱处，寺观遗迹随处可见。大茂山曾有万余座

仙境大茂山

铜神像，其中还有一尊耳朵眼儿里能容 4 人的铜佛，现均已被毁。金龙洞洞口的圣母五龙庙，一进两殿，依山傍水。据旧县志和庙中 13 块残碑载，该洞旧称总真观，旧县志载：总真观建于金泰和四年（1204 年）。残碑载：传汉末于吉得神符于此，宋守臣薛安抚三诣洞祈雨，敕封利泽侯，复加爵明惠公。

（四）北岳庙

北岳庙位于曲阳县县城西部，始建于南北朝北魏宣武帝景明、正始年间，为历代封建帝王祭祀古北岳恒山的场所，古建成群，碑碣林立，石雕荟萃，具有古建筑、壁画、碑碣雕刻三大艺术价值。北岳庙建筑格局采用以中轴线为主，两厢对称的古典建筑形式。庙内格局坐北朝南排列在一条垂直的中轴线上，由南往北依次是登岳桥、神门、牌坊、朝岳门、御香亭、凌霄门、三山门、飞石殿遗址、德宁之殿，另有碑楼、碑亭数处散建于中轴线两侧。

其中，德宁之殿为北岳庙的主体建筑，是我国现存元代最大的木质结构建筑，也是五岳祭祀中规格最高的古建筑。殿内东西两壁存有唐代画圣吴道子所绘巨幅彩色壁画“天宫图”，东壁为“云行雨施”，西壁为“万国咸宁”。北岳庙壁画画幅大、人物大、气派大，为国内罕见，国之瑰宝，是研究我国古代壁画的宝贵资料。北岳庙壁画不仅填补了我国绘画史吴派的空白，也对我国人物画发展及研究起着非常重要的作用。

（五）军事要塞

大茂山为历代的战略要地。春秋战国时期，曾为燕国、代国、中山国和赵国的界山。五代时期的晋国、汉国、周国以及宋朝时期均以此山与契丹（辽）为界。中山国、北齐国以及明朝时期皆于此修筑长城。抗日战争时期，大茂山地区为重要的抗日根据地。

虎山

虎山，一直深藏于太行山山脉之中，峰峦起伏，多年来人迹罕至。山中气候湿润，空气异常清新纯净，细雾蒸腾，迷蒙如雨，似着上轻屡纱衣，被游人誉为大自然的“天然氧吧”。虎山是国家4A级旅游景区、河北省农业旅游示范点。景区内山林如海，壮观阔丽，自然生态保持了原汁原味。

概述

虎山位于曲阳县县城北45公里处，地处太行山东麓，山区面积20多平方公里，因其山顶有一块巨石颇似猛虎而得名。虎山与著名的古北岳恒山相连，主峰尖嘴梁海拔1100多米。由于与唐县、阜平县接壤，形成了“一脚踩三县”的山岳旅游景观。

虎山以“生态虎山，太行金山”为发展主题，建成了国家级4A级旅游景区，景区面积达20多平方公里。目前，虎山景区已开发修复建设了千米古金矿洞、老金厂、黄金文化博览馆、“十里金水长廊”健康步游路、黄金冶炼体验馆、民俗文

虎山全景

化陈列馆部落、金石头山客栈、磨盘谷、河北省首个民间祈福文化馆、喜文化馆等旅游项目和景点。

主要景观

虎山自然风光融山、洞、林、水为一体，呈现原始、幽静、清新的景观氛围。虎山的自然生态保持了原汁原味，植被茂盛，浓荫蔽日，林草覆盖率达到90%以上。气候湿润，空气清新纯净，被誉为返璞归真之胜境。黄羊、松鼠、鸟类等野生动物不时出没。夏季平均气温比石家庄、保定市区低6摄氏度以上，是避暑消夏的好去处。

虎山水资源丰富，丰水季节河流纵横；枯水季节河水依然汹涌奔流。山高水长，清泉潺潺，畅快淋漓，金水泉滚滚涌动，一年四季冬温夏凉，泉水清澈见底，游鱼、青山倒影历历在目。山中叮咚作响的金水泉奏响了虎山的一曲天然之歌。泉水常年

清泉潺潺

咕噜噜地冒泡，清澈甘甜的溪水上下翻腾。神仙瀑的水位落差高达 40 余米，景色颇为壮观，在神仙瀑的映衬下，虎山显得更有灵性。

秀美的金水河从金河谷中流过，犹如一条温润的玉带，虎山西北向东，连成了大大小小的瀑布群。在这条水源线上，湖、潭、亭、榭，以及幽廊水岸的休闲区分布于此，美不胜收。由金河谷进入，踏上石板小路、辗金的石磨台阶和象征着黄金财富的石刻元宝路，顺水一路前行，潭潭碧水错落居栖，潭水清澈见底，鱼儿在水中撒欢儿。虎山风景如画，恰似一派细细雕琢过的水乡景象。

历史人文

（一）虎山淘金

“踏进虎山地，脚上就沾金”，虎山黄金文化馆融汇古今

淘金洞

中外黄金文化的发展历程，以实物、雕刻、图片、文字介绍等手段，通过一洞三馆的表现方式，系统地展示了人类从对黄金崇拜到财富象征转变的神奇历程。

虎山风景区曾是当地农民历代淘金的地方，这里仍遗留着千百年来古人淘金的洞穴，其中深达几百米的洞穴就有好多处，甚至还有 10 余处上千米深的淘金洞，真可谓是洞中有洞，洞洞有别。

这些洞穴形成了当地独有的淘金文化，洞内凉风习习，有的清泉外溢，有的深长幽远。洞内形态各异的雕塑和古淘金器具向游客讲解了诸多淘金文化和历史，让游客在游览的同时受益匪浅。淘金文化展示中心、金石园、淘金小作坊等反映了虎山的淘金历史，传承了古代淘金文化，普及了淘金知识，显示出当地劳动人民的勤劳与智慧。淘金文化，作为虎山景区的主题定位，已经成为虎山的特色之一。

（二）金山财神庙

金山财神庙坐落于古北岳恒山的余脉，举头仰望，崖壁青

金山财神庙

翠，白云缭绕。传说其始建于唐末宋初年间，由于背倚金山富矿，又极为灵验，当地称其为灵宝山财神庙。更令人称奇的是，这座庙下面有一泉眼，泉水四季长流，水清甘甜，人们称其为金泉圣水，据传饮此泉水能消灾延寿，增长福慧。

（三）“舌尖上的虎山”

虎山特色美味很多，最让人垂涎的当属锅蒸“十支花”，在当地也称其为“十碗十扣”，这是一个年代悠久，世代绵延的美食。虎山的十碗十扣，起源于当地民间，至今已有百年的历史，目前，到虎山吃十碗十扣已成为当地的一个旅游项目。每位游客在品尝传统农家特色美食的同时，还能亲身感受虎山的文化底蕴。除此以外，虎山美食还有巧炖八品香，也是客人喜欢的美味。

虎山是远近闻名的大枣之乡，近 10 万株红枣树分布在 8 条大沟、50 多条小沟之中，大枣采摘的最佳时节为每年的 9 月 20 日 ~ 10 月 10 日之间。每年 9 月，虎山景区都会举办采摘节，游客可以亲自参与醉枣的加工，还可以亲自体验枣酒的酿制过程。

虎山风景区是集生态观光、登山健身、林果采摘、休闲度假于一体的特色旅游区，曾入选“到河北，不得不去的地方——2011 年代表河北旅游的 30 张名片”，被评为首届“诚义燕赵胜境河北”河北旅游代表品牌“十佳旅游风景区”和 2013 年年度保定市“十佳景区”。

伊祁山

在巍峨耸立，绵延千里的太行群峰里，伊祁山显得微乎其微，然而，山不在高，有仙则名，伊祁山因是中华民族杰出的始祖之一尧帝的诞生地而备受世人瞩目。

位于保定顺平县（1996 年前为完县）境内的伊祁山，相传是古帝王尧的出生地，又因是尧母伊祁氏的故境而得名。山下有桃园多达 20 万亩，素有“中国桃乡”之称。伊祁山山清水秀，桃花盛开之时，整个山谷桃红柳绿。每年 4 月的桃花节，桃花盛开，满园芬芳，万亩桃园，开得奔放、开得灿烂。

伊祁山独立于群山之外，挺拔于平原之中，呈南北走向，远看就像一座硕大的圆形陵墓，古人称其为丹陵山。伊祁山与其他浅山丘陵混在一起，看上去似乎平淡无奇，并无独特之处，然而只要亲自登到山上，就能领略到它奥妙无穷的无限风光。

概述

伊祁山，又名尧山、丹陵山，是祁水的发源地，位于太行山与冀中平原的衔接部位。伊祁山东距顺平县县城 10 公里，

伊祁山

西南距唐县县城10公里，是顺平县和唐县的界山，海拔416米，面积约25平方公里。这里有尧母洞、太子洞、仙乐台、太子塔、古钟楼、龙王阁、圣水井等独具风格的景观。

伊祁山是中华民族文化的发祥地，华夏祖先繁衍的摇篮，又是历代宗教活动的圣地。其山脚下便是被国家旅游局定为“全国首批农业旅游示范点”的顺平万顷桃源农耕民俗文化园。在伊祁山，有古顺平八景之中的“马耳双峰”“龙泉五穴”“曲水春风”“柿林红叶”“西山晴雪”等五景。

尧文化内涵丰富,它是联结华夏民族感情的重要纽带之一。从尧母洞到太子庵、尧帝家庙再到其他庙宇、遗址、碑刻、典籍、典故、民俗，从中可以看出这座仙山胜景独特的人文和自然景观，犹如一座综合性的历史、民俗博物馆。

伊祁山汇集了中华传统文化中儒、道、佛三大支柱文化，并充满了极具传奇色彩的神话故事。

主要景观

伊祁山为曲逆河（方顺河）发源地之一，山中风景优美，山下数万亩桃园、苹果林，春天繁花似锦，犹如仙境。夏秋硕果累累，十里果香醉人，来此观光、探幽、觅古者络绎不绝。

伊祁山西侧，有两座山峰并列耸立称马耳山，山峰直入云霄，遥望如骏马两耳直立，是古顺平八景之一。

伊祁山观花台建在伊祁山半山腰，每年 4 月中旬，伊祁山山下数千亩桃花盛开，在此观花，美景尽收眼底。

伊祁山半山腰的尧母洞对面的崖壁上，有一道古人凿砌的石阶，沿石阶向上攀登，即可到达山顶。山顶有一个人工砌成的大石圈，这是一处古代的建筑遗迹，叫踏云石。踏云石将平缓的山顶围在中间，登顶远眺，远山近水，尽收眼底，西边的太行山，群峰起舞，如惊涛骇浪，似万马奔腾，雄伟壮观。东边坦荡如垠的冀中平原，乡村星罗棋布，若隐若现，犹如蓬莱仙境。

历史人文

伊祁山并非高耸入云的大山，文化内涵却很丰富。传说 4000 余年前，尧帝唐尧出生于此，也正是因尧生于此，伊祁

伊祁山景观

山又称尧山。后人为纪念尧帝，在其诞生地伊祁山上建庙立祠，经多代重修续建，形成了以太子庵为中心的古庙建筑群。除此之外，山上还有尧母洞等众多文化遗存。伊祁山于每年农历正月十五、十六日和农历七月初七日都会举行盛大庙会，海内外炎黄子孙都会到中华文化发祥地之一的伊祁山来寻根祭祖。

（一）太子庵

伊祁山主峰上的太子庵，位于伊祁山之巅的山坳处，依山势而建，地势险峻，怪石嶙峋，风景绮丽，是一片依山背崖而建的古石建筑群。这些庙宇建于不同年代，属于不同宗教，由最初的专一祭祀尧帝，逐步演变成多种宗教文化的混合体，并形成众多不同风格的建筑，由于布局合理，和谐自然，气势恢宏，故统称太子庵。

太子庵常年香烟缭绕，钟磬悠扬，久经沧桑，直到清末民初，太子庵仍有庙舍数十间，有厨房、仓库、石碾、水井、菜园等。之后，日本侵略军的炮火和“文化大革命”时期的破坏，使这片古建筑群惨遭毁灭，成为一片废墟。

2000 年，侯各庄村村民张汉池、张大成、高文华等受村党支部和村委会的委托，成立了“伊祁山绿化文物保护委员会”，开始对太子庵遗址进行保护和修复。在顺平县政府的支持下，

尧帝故里

到2006年，修复庙宇20余间，植树10多万棵，并连续在伊祁山山脚下举办了七届桃花节，由此，太子庵香火逐渐恢复，日趋旺盛。

（二）尧母洞

伊祁山上有尧母洞、尧母井、太子庵、仙乐台等众多与尧帝相关的遗址、遗迹和传说故事，其中尧母洞最为著名。尧母洞坐落于伊祁山半山腰，是一座贯穿山头的天然石洞，东西走向，长约百米，东宽西窄，冬暖夏凉，是一处重要的历史文物遗址。传说尧母庆都就是在这里生下了尧帝，据说洞内石板搭成的神龛上，过去曾有尧母怀抱婴儿的塑像及石床、石凳等生活用品。所以尧母洞历来是世人心中的圣地。但凡上山的人，必先到尧母洞去拜祭。

（三）古今诗文

史志上记载着很多古人祭拜尧母洞时留下来的诗词歌赋及即兴之作，如田爰的“沉沉深洞半山中，圣母当年曾暂容。王气辉煌排虎豹，红云笼护结蛟龙。平阳为有昭天业，蒲郡因留潜地纵。今日洞中犹有异，从来不若莫相逢。”田锡祜写的“踞虎盘龙在此间，千秋瑞应未曾删。霞光时绕兴王窟，紫气常腾毓圣山。洞口桃花经雨笑，溪旁草色带霜斑。游人欲问当年事，曲水犹存碧一弯。”今人林友兰写下《醉游伊祁山》：“苍绿芦斑封洞口，淡浓云影截峰腰。狂吟不顾山灵梦，醉舞高呼惊牧樵。”

青虚山

《唐县志》载：青虚山因“四时之气清而熙，界人虚空，超然物外”而得名。青虚山的岩层多为石灰岩，久经风雨溶蚀，形成如青笋、似狼牙、像箭镞、直刺云天的奇峰峻岭。

相传乾隆皇帝到五台山进香，路过此地，见此山雄伟壮丽，便派大臣董邦达两次到青虚山勘察，并绘制了一幅全图和八幅小景，这些画作如今都留存在故宫博物院内。今有乾隆皇帝御笔书写的“紫云峰”“凤凰石”两块玉匾镶嵌在悬崖上。

山上有自辽代以来修建的寺、观、庵、庙100多处，天下众“神灵”聚集，使得青虚山香火鼎盛不衰。每年农历三月十五的庙会，吸引着华北各地的信徒来这里朝拜进香，热闹非凡。

概述

青虚山，位于唐县县城北35公里的齐家佐乡，处于太行山东麓，主峰紫云峰海拔998米，站在主峰之上，可纵览巍巍太行，俯瞰华北大平原，风光无限。青虚山属大陆性季风气候，

重峦叠嶂青虚山

夏秋多云雨，并在雨后呈现云海景观。青虚山景区南北长 5.9 公里，东西宽 3.9 公里，面积 15.5 平方公里。

青虚山历史悠久，风光秀丽。唐河从东、北两侧环山而过。古长城在其北麓雄峙，沿线有倒马关、插箭岭、紫荆关，山前是华北大平原，地势十分险要，自古便是塞内外的交通咽喉。

青虚山为道教名山，当地人俗称“仙山”，是我国著名的华北道教圣地。《保定郡志》载：因葛洪曾于此隐居修道，故青虚山又叫葛洪山。山势自西北向东南倾斜，南部山坡较缓，北部山峰林立。有“唐县诸山以大茂最高，以青虚最险”“青虚山乃北岳之左臂”之说。

主要景观

青虚山木石晦秀，泉壤沃洌，远望此山，“万峰耸翠，如镞如叉，霁瞑不时，烟霞无定”，而有“青虚耸翠”之称，为古唐县八景之一。

青虚山三座主峰和十几座峰林构成了景区特有的地貌景观，风景区内秀峰林立，峡谷幽深，古树参天，飞瀑甘泉。山体构成多为石灰岩，是我国北方最大的喀斯特峰林景观。

在朝阳的光辉下，烟腾雾罩，紫气缥缈。青虚山有许多天然洞穴，游人到此如入迷宫，再加上青虚山独特的地貌和气候

远眺青虚

特征，使山域内海拔700米以上的山地夏秋多云雾，尤其是雨后天晴时，更是常常形成云海景观。这些都为这座“仙山”增添了些许神秘的色彩。

青虚山巍峨嶙峋，山顶峰柱林立，犬牙交错，直刺蓝天。由于山体由硅质灰岩和硅质白云岩组成，整体呈现为灰色，而山顶植被茂盛，黛青色植被位于灰色峰柱顶部而显“青”。山体顶部常见的云雾使“青”色的山顶峰林时隐时现，彰显道家“虚无缥缈”的意境。“青”与“虚”的完美组合成为道教立足于此的根本，也是山名的由来。

青虚山山后的西胜沟，飞泉瀑布，一年四季溪水长流，秀丽的两处龙潭，显得灵气十足，十几里长沟怪石嶙峋，狼牙交错，陡峭的悬崖上长满了钟乳石。石花、石笋、石乳千姿百态，奇形怪状。

全胜峡与西胜沟毗邻，同属青虚山范围。奇峰异石广布，峡谷河曲蜿蜒，潭瀑相连成串，山水相映，气候宜人。更有宗教历史源远流长，文化底蕴深厚，民风淳厚。

山峰的下方形成了二园、二谷、二崖、三台、九洞等 40 余处自然景观，包括桃园、苹果园、前暖谷、后暖谷、舍身崖、歪头崖、凤凰台、天风台、冷空、偃月洞、三仙洞、盘古洞、丹灶洞、桃花洞、朝阳洞、重阳洞、莲花洞、三清洞等。

历史人文

青虚山为华北地区著名的道教圣地，全真教发祥地之一。青虚山道教文化历史悠久，山域内有三霄圣母庙、玉皇庙、葛洪殿、关帝庙等多处道观，诸多人文景观，与自然景观和谐共生。其中位于西胜沟内的无梁殿为青砖结构，建于明朝万历年间，距今已有 400 多年的历史。

青虚山又名葛洪山，相传晋代著名道学家葛洪“幼年慕道，壮而出仕，老而归真”，“披荆斩棘而入，攀藤扶葛而上”，来到青虚山修炼。至今山上洗心泉、青虚宫、药碾、晒艾台、仙奕石等遗迹犹存。据清乾隆年间陈效元的《葛山指掌图》载：青虚山有紫云峰等四峰、三岩、九洞、四峪、二园、二寨、二崖、二潮等自然景观 40 余处。

在山中的绝壁上有多处摩崖石刻，如在紫云峰的登峰路上有明代知县孙希夔书写的“登高望远”“渐近佳境”“蓬莱真境”石刻，在耕云坞有一道人隶书“耕云”石刻等。

青虚沐雪

偃月洞是因偃月子曾于此修道而得名，桃园为唐代天阳真人修道处，因遍植桃花而得名。饮虎池名字的由来有一个小故事，相传葛洪在此山为虎取出口中卡住的骨头，取出后，虎便成了葛洪的坐骑，一日，虎口渴，至观亭寨水池饮水，从此，虎饮水处便叫作饮虎池。舍身崖名字的由来则是相传有一民妇为婆婆许愿，如婆婆病愈则愿舍身，不久，婆婆病愈，儿媳妇跳下绝壁悬崖成仙，舍身崖由此得名。

青虚山庙会为农历三月十五日，庙会长达十余日，每天吸

青虚耸翠

引数以万计的各地香客和道教信徒朝拜进香，为保定地区道教三大庙会之一。后经战乱，沉寂多年。直到 20 世纪 80 年代改革开放后，庙会才得以恢复。

清乾隆帝去五台山经此，为该山的自然、人文景观惊叹，两次遣大臣来勘察，并绘制全景图一幅，小景图八幅，乾隆帝亲笔题匾“紫云峰”“凤凰石”镶嵌在山崖上，至今尚存。

抗日战争时期，青虚山地区为晋察冀抗日根据地的腹地，是日寇从东路进攻八路军根据地腹地的必经之路，战略位置十分重要。晋察冀军区、冀中军区及第三军分区的领导机关、军工厂、华北联合大学（人民大学前身）、白求恩学校、白求恩国际和平医院，还有晋察冀边区的文化团体都曾驻扎在青虚山附近的葛公村等村庄，聂荣臻司令员更是于此会见过英国驻北平领事馆武官参赞司品烈等国际友人。

嘉禾山

嘉禾山位于曲阳县县城东北 5 公里处，西倚太行山山脉，东瞰华北平原，毗邻京昆、涞曲、曲港高速，为曲阳之门户，属战略之要地。据《曲阳县志》记载，唐朝中期安史之乱时，名将郭子仪、李光弼曾在此地大败安禄山、史思明叛军，为记军功，故名嘉山。宋朝孝宗年间，山上生嘉禾数千株，当地官府以其中两株六穗进贡朝廷。宋孝宗以为祥瑞，御封“嘉禾”，故此山又名嘉禾山。

概述

嘉禾山山势绵延超过 5 公里，主峰海拔 470 米，挺拔耸秀、雄壮多姿。山体阳面冷峻陡峭，阴面坡势和缓，阳光照射很难形成山影，因此又名“无影山”。山上原有昭福寺、大兴寺、佛儿峪、饮马泉等名胜古迹，因年代久远，大半毁坏。据《定州志》记载，因定州建开元寺塔，山上乔木采伐一空，民间歌谣称“砍尽嘉山木，修起定州塔”。嘉禾山风光晚景尤胜，每当傍晚夕阳西照、晚霞缤纷之际，在县城北孟良河中看嘉禾山

嘉禾山

影像，仍为正影，与原山无异，这便是曲阳八景之一的“嘉禾夕照”。

曲阳自秦朝置县，与嘉禾山一起历经千年沧桑变迁，是保定唯一一个山与城连、城因山兴的千年古县。为保护曲阳县城的绿色屏障，曲阳县政府于 2009 年做出了《关于加强嘉禾山生态保护的决定》，有效遏制了嘉禾山周边生态环境的恶化。连续 10 多年，曲阳县委、县政府把嘉禾山作为县直机关植树造林基地，共新植松树、柏树、桃树、杏树等各类树木 50 000 多株，成活率达到 90% 以上，如今的嘉禾山苍松翠柏、绿树成荫，是人们休闲健身的好去处。

历史人文

嘉禾山为平原通往山区之门户，为历代兵家所争之地。据史料记载：唐代郭子仪曾败史思明于此，斩首四万级，获人马万计。后唐天成三年（928 年），定州王都叛命，王宴球进讨，战于嘉山，大破之。宋开宝二年（969 年），宋派遣韩重贇陈兵于嘉山，大败契丹，擒首三十人。嘉山亦为形胜之地，山顶曾修昭福庵，传宋将孟良驻扎于此，故又称孟良寨。山后沟称佛儿峪，曾建寺院，山水从峪中流出向北而去。

进入新时代，嘉禾山的发展迎来新机遇。自“十三五规划”实施以来，曲阳县委、县政府积极融入京津冀协同发展格局，努力顺应雄安新区建设大势，提出了以嘉禾山自然风情区、北岳古城、羊平雕刻小镇、灵山定瓷小镇“四个引爆点”为突破，全力打造“两都两地”（世界雕塑文化艺术之都、北方瓷都、全国文化旅游目的地、绿色产业发展基地），建设“经济强县、美丽曲阳”的奋斗目标。

嘉山悠乐谷位于嘉禾山山脚下，总投资 76 008.14 万元，占地 810 亩，总建筑面积 82 828 平方米，其中水世界占地 260 亩，建筑面积 15 928 平方米，滑雪场占地 38 亩，建筑面积 2000 平方米，休闲农庄占地 430 亩，建筑面积 15 500 平方米，温泉城占地 82 亩，建筑面积 49 400 平方米。划分为悠乐谷水上乐园、嘉山欢乐滑雪场、温泉度假村以及休闲生态庄园四大部分，为整体项目建设规划设定路线，为后期发展奠定基础。在这里娱乐是主题，感受曲阳独特的雕刻文化、定瓷文化，打造一个休闲、健康、生态、娱乐为主题的文化旅游目的地。

穿越千载历史时空的嘉禾山，如今又迸发出青春的活力与风采。以嘉禾山风情区为起点和龙头，进而推动曲阳县文化产业大发展大繁荣，其时已至、其势已成、其兴可待。曲阳县委、县政府坚持生态优先、绿色发展，高起点谋划、高标准建设嘉禾山自然风情区，努力把嘉禾山自然风情区打造成雄安新区“后花园”，全力推动曲阳县经济社会实现转型升级发展。

悠乐谷

云蒙山

云蒙山，又名太宁山，清乾隆年间被赐名为永宁山，因山中常年云雾缭绕，烟雨蒙蒙而得名。每年春天，云蒙山山上桃花、梨花、槐花等依次绽放，白如雪、粉如霞、香如兰，争奇斗艳。尤其是这里的山桃花，竟有一日而三变的奇观。有语曰“晨观桃花满山白，午观桃花满山红，暮观桃花满山彩”。

早晚时分，山上雾海茫茫，颇为壮观。从山顶往下望，重峦叠嶂，密林古树，古易州十景中的“太宁叠翠”和西陵八景之一的“云蒙叠翠”都是说的这里。云蒙山朝晖夕阳，气象万千，是看日出、看夕阳、看云海的好地方。

概述

云蒙山在易县县城西 25 公里处，距清西陵约 10 公里，与永宁山、古长城、紫荆关相连，为北易水的发源地。传说这里曾是鬼谷子修炼授徒的地方。云蒙山景区总面积 40 平方公里，由 77 道山峰、33 道峡谷组成，顶峰海拔 1120 米。云蒙山风景秀丽，景色迷人，是华北地区最大的一片次生林。风景雄伟

云蒙山

而秀丽，是集自然、人文景观于一体的风景区。

自东晋以来，云蒙山就是佛教场所和旅游胜地，历史上不少名人雅士或在此隐居，或游览此处的山水林泉。山域内主要有乳水洞（又名孙膑洞）、童子洞、银丝沟、云蒙双塔等景点。

主要景观

云蒙山群峰耸立，峰峦多姿，壑谷幽深，峭壁云封，簇若片云，翠色横空。山泉潺潺，碧水环流。山上天然次生林茂密，古木参天，浓荫蔽日，珍禽异兽散布其间，炎热夏季不见暑。历代文人墨客都曾来此览胜，更有僧道于此建寺观修道养性。

云蒙山常年云雾缭绕，水量充沛，植被繁茂，是北易水源头之一。桃花、瀑布、红叶、冰雕堪称“云蒙四绝”。春季桃花三变，秀丽似锦；夏季瀑布飞溅，百鸟争鸣；秋季红叶似火，瓜果飘香；冬季玉砌冰雕，姿态万千。

（一）讲经台

鬼谷子、庞涓、孙膑都曾在此研习经书，并留下了许多讲经平台。另有一些当时的经典故事也都发生于此，其中“柏担有榆”是最为著名的一个。相传庞涓和孙膑上山砍柴，庞涓砍的特别多，而孙膑在山上却只砍了两根山榆枝，一根柏木，并用此为原料做成了一副扁担，之后便挑着扁担下了山。庞涓从山上背下了七八捆柴，自以为砍的很多。但是孙膑曰：你的柴最多 8 担，但是我的柴是柏担有榆（百担有余）。

（二）观音谷

云蒙山的悬崖峭壁上耸立着一个如同观音状的石头。山上常年阴雨，树木丛生，石头逐渐变成了绿色，后人便将其称之为观音谷。每逢农历的初一、十五，当地村民就会来此膜拜。偶逢大旱之年，当地村民也会到观音谷祈福求雨，祈祷能够久旱逢雨。从观音谷远远望去，各种石头奇形怪状，优美异常。

（三）银丝沟

云蒙山上的树木遮天蔽日，酷暑时可以乘凉避暑，是游客歇息的幽静圣地。人从石上走，水从山上流。从碧风崖往上走，一直到百步峡，就是美丽的银丝沟。因其狭窄，终日不见阳光，只当正午时分才有一缕缕阳光照进，如同一缕缕银丝照进山中，因此而得名。银丝沟总长约 1000 米，是人们夏日暑期最喜欢停留的景点。

悬空栈道

（四）悬空栈道

栈道海拔 1000 米，长度 1000 余米。依深不见底的悬崖峭壁而建造，随山势而旋转。一侧是悬崖绝壁，一侧是万丈深渊，险要处仅可容身，颇为惊险刺激。悬空栈道是大自然的雄奇和人工的巧思妙想的完美结合，使得云蒙山更具有趣味性和挑战性。

（五）北天门

北天门据说是二郎神担山追日的时候，扁担插窝的地方。站立于此，能看见山外青山楼外楼的风景。北天门在雨季的时候，山体石门会积水，偶有雨帘形成，风景十分优美。

云蒙山景观

（六）百步峡

当年孙膑将此地取名为百步峡谷一线天，后因近些年取名一线天的景点较多，故简称百步峡。百步峡两崖对峙，山势较高，台阶较险，因其雨季雨水较大，游客攀登较危险，景区特意修建了天梯，在天梯上往远处望去，可以说是无限风光在险峰。据说雨季泄洪时，景色非常壮观，但鲜有人见。

历史人文

云蒙山东南侧是永宁山（清西陵建成后由太宁山改名），是清西陵的靠山，三条龙脉分次延展，金龙庄、白水港、太宁寺、豹子峪4个村庄分居其间。自东晋以来，云蒙山即为佛、道圣地，

云蒙山幽境

曾建有双塔寺、太宁寺、静觉寺、双塔庵、云上寺等。由永宁山北行，翻过两道山梁，顺小路可达云蒙山巅。山中有朝阳洞、童子洞和乳水洞 3 个天然洞穴，相关的神话传说颇多。童子洞相传为鬼谷子之母生其兄弟之处。鬼谷子有孪生兄弟王挠，兄弟二人修道于乳水洞。相传乳水洞又名孙膑洞，为孙膑和其师鬼谷子修身养性并著录兵书之所。洞内有石床、石桌、石炉等物，依然摆列有序。又传孙思邈亦在乳水洞拜谒孙膑祖师遗像。乳水洞距童子洞约 1.5 公里，仅需绕过一道山梁，沿崎岖小道，在山林古树间穿行，颇有世外桃源之感。乳水洞深邃几许，迄今是迷。洞内钟乳石四时凝滴，清冷阴凉。千百年来，这里一直传续着云蒙祈雨的风俗。洞里 12 个大水槽自西向东排列。耆老相传，每一个槽代表着一个月份，每年农历正月十六日查看，哪槽有水，哪个月即有雨。清光绪年间，漕运总督、直隶布政使曾于此祈雨、还愿。至今，洞壁上还留有记载求雨应验的石刻。

云蒙山昔有老君庙、玉皇庙、四圣庙，以及白云洞、白猿洞。山后还有老母洞，相传西王母云游天下，见此地风景优美，曾居洞中，遨游云蒙山风景。山崖遍布摩崖石刻，有“云龙”“仙踪”及不少石刻诗句。清雍正八年（1730 年），在泰宁山下建西陵，驱逐附近寺观僧道，寺观始衰落，但云蒙山乳水洞慈云观（供奉王禅老祖，即鬼谷子，及王挠老祖、苏秦、张仪、庞涓、孙膑等）仍保留。

20 世纪 80 年代以来，改革开放给云蒙山带来了新的生机。海内外游客在游览了清西陵后，通常会顺便到云蒙山观光，当地村民借此机会恢复了昔日的庙会，建起了庙宇，当地政府也大力发展起了旅游经济，相信在不久的将来，云蒙山将与清西陵、紫荆关、洪崖山、狼牙山等一起成为著名的旅游景点。

驼梁山

“一山苍翠，万瀑齐飞”是人们对驼梁山的盛誉。

驼梁山，有着“清凉极地”“绿色王国”“水中驼梁”的美誉。站在山顶，南可俯视岗黄碧水，北可遥望五台诸峰，极具“会当凌绝顶，一览众山小”之感。这里是河的源头，林的海洋，花的世界，瀑布的舞台，云的故乡。

概述

驼梁山位于阜平县西南部，与山西五台县和河北省平山、灵寿交界处，属于太行山腹地驼梁地理单元，为地质学中极具地位的太古代太行山变质岩阜平群的中心地带，其斜长角闪石片麻岩尤其古老，距今有 28 亿～29 亿年。驼梁山主峰 2281 米，包括北坨（百草坨）和南坨（驼梁），因山顶酷似驼峰而得名。驼梁山由于海拔高，山体落差大，从而有“一山存四时，风姿各异，同山不同天，底雨顶雪”之说。

驼梁山景区是国家 4A 级旅游景区、国家重点风景名胜区，景区以凉、静、野、幽、翠等特色而著称。茂密的原始森林使

驼梁山

这里成为“天然氧吧”，既可呼吸新鲜的空气，也可欣赏犹如水墨画的山间美景；既可体味山中百瀑齐飞的壮观场面，也可品味古朴醇厚的民俗风情。夏日的驼梁绿茸茸，水淋淋，山含岚气，云带雨露；驼梁峰巅，宽坦如砥，草茵幽幽，隐于蓝天白云和松林绿波之间。这里山高峰奇，林荫如海，绿草如茵。

2004 年 4 月和 12 月，驼梁山分别被命名为国家地质公园和国家森林公园，规划面积为 116 平方公里。这里有人迹罕至、面积广袤的原始次生森林，近百处千姿百态的瀑布群落，在太行山山脉的崇山峻岭中形成了一道独特的风景。

主要景观

（一）天生桥国家地质公园

天生桥国家地质公园位于太行山东麓，是集地质、地貌、冰川、生态、人文等旅游资源为一体的独具特色的国家地质公园，被誉为“太行山深处的香格里拉”。天生桥国家地质公园由朱家营天生桥瀑布景区和龙泉关景区构成。这里盛水期飞流直下，万马奔腾，惊天动地；枯水期清流潺潺，声音清脆；冬季飞瀑凝固成冰柱，洁白如玉，闪闪烁烁，附近的树木也成了玉树琼花，那景色不是仙境，胜似仙境。瀑布群四周层峦叠翠，林海滔滔，幽峡如画，还流传着“人参娃”“通天梯”“光棍汉”“寡妇槽”等美丽动人的传说。地质公园主峰百草坨，海拔 2144 米，6000 亩人工栽植的落叶松与 7 万亩白桦林为主的乔灌木杂树共生的原始次生林，把绵延迂回的苍山裹得严严实实。峰顶宽坦如砥，草茵幽幽，金莲花、山丹丹花等点缀其间。

阜平天生桥瀑布群。在阜平县西部、北部，山峰耸立，在六大河流的河源支沟上，地形陡坎遍布，在有水流的地方便形成瀑布景观，现发现大小瀑布 30 多条，最为著名的是在自然保护区内朱家营天桥沟上游的九连瀑——阜平天生桥瀑布群。天生桥瀑布谷中的九条瀑布，宛如九条巨龙，它们从崖壁上急流直下，势如奔雷走电的飞虹，声若惊雷，响彻山巅。有的瀑布如玉龙飞舞，气势磅礴，让人震惊，令人赞叹。枯水季节，它具有另一番风韵。有的瀑布银花飞溅，有的像喷洒的玉帘，有的如月笼轻纱，秀女拨弦，十分动人。清脆的流水声，宛如少女弹奏的抒情曲，拨动人们的心弦。当山风习来，带过阵阵“蒙蒙细雨”，在阳光的照射下，晶亮如玉，飘拂在人们的脸上，清新舒适，人们仿佛在雨露中沐浴。飞瀑流霞，给深谷增加了多少诗情画意，天生桥瀑布又给人们带来了多少翩翩遐想。

天生桥。瀑布谷中有一座宏大的天生桥，是我国首次发现的片麻岩天桥。天生桥是由山谷瀑流沿裂隙冲蚀崩塌而成，桥面是由伟晶岩构成，比较坚硬，微呈拱形。天生桥坐落在瑶台

将军抚琴

情侣瀑（三瀑）

望盔瀑（六瀑）

大瀑布之上，横跨瀑布南北两端。天生桥十分巨大，桥长 27 米，宽 13 米，高 13 米。天生桥地势十分险峻，从桥上俯瞰，百丈深渊，令人生畏。

天生桥上方有一高 60 米的瀑布，奔腾的瀑布，呼啸着从桥下飞泻，形成百米瀑布，气势磅礴，瑰丽壮观。登上天生桥，钻进瀑布的后面，又是一番绝妙的景色：透过瀑布垂帘，观看白云蓝天，青山绿水，百花吐艳，此情此景，不禁使人想起《西游记》中花果山水帘洞的美景。

天生桥冰瀑。天生桥冰瀑是山谷中的另一奇观，悬崖峭壁上悬挂着巨大的冰瀑、冰帘、冰幔，犹如巨幅白绫垂挂，蔚为壮观，有的像玉柳垂荫，瑰丽夺目，透明的“冰钟乳石”相聚丛生，含露滴流，垂帘而下。冰瀑连着冰潭，冰潭上有各种形态的冰柱、冰石笋，以及晶莹的冰花等景观，晶莹剔透，栩栩如生。在阳光的照射下，令人叹为观止。

百草坨。百草坨素有百草、百花、百种药之说，生长着 2000 多种植物，其中近千种可以入药。春天，这里久久难以冰消雪化，到农历四五月份，阴沟残留着冰雪时，阳坡上已开始吐绿，迎春花、丁香花、杜鹃花和一些不知名的野花，竞相争春；夏天，这里蓝天白云，百花争艳，姹紫嫣红；秋天，红桦树叶和地上的各种花草交相辉映，五彩斑斓；冬天，枯草簇簇，老树昏鸦。人们都说上了百草坨，才算回归了大自然。百草坨的山顶上有许多人工挖出的洞穴，都是当年阎锡山与张学良大战时的遗迹，如今这些藏兵洞已被静静地遗忘在绿草山花丛中了。

地质地貌。阜平天生桥国家地质公园地质遗迹丰富，类型众多，包含《国家地质公园规划编制技术规范》七大类型中的五大类型。其中，地质剖面（体、层）类型有“阜平岩群”——

天生桥冰瀑

百草坨

太古界变质岩系的典型代表（地层剖面）、全国甚至全球在地表出露的为数不多的“陆核”之一（变质岩相剖面）、三大时代岩浆岩（岩浆岩剖面）；地质构造类型有太古界“穹窿构造”（构造形迹）；地貌景观类型有全国罕见的片麻岩天生桥（岩石地貌）、冰川遗迹（冰川地貌）；水体景观类型有华北最大瀑布群（瀑布景观）、冷泉（泉水景观）；地质遗迹类型有地质灾害遗迹（灾变地质环境遗迹）。

（二）云花溪谷

云花溪谷地处驼梁山北缘，与佛教圣地五台山相距不足30公里，距红色圣地西柏坡60公里。地处京津冀一体化产业圈，交通便利，晋冀旅游专线贯穿其中，与石家庄驼梁、五岳寨、五台驼梁景区、晋察冀边区革命纪念馆、阜平天生桥瀑布群等众多4A级景区共生一体。

云花溪谷

云花溪谷核心区保留着20多亿年前的古老地质地貌，峰峦叠嶂之间，有古朴厚重之风骨。由于地处晋冀文化交融偏僻地带，景区内现有十几个保存完好的原始村落，山野生活淳朴自然，是农耕文化的活态博物馆，是现代人静心养生、返璞归真的向往之地，更是户外体验、影友拍摄创作的难得之所。

云花溪谷位于阜平县夏庄乡境内，因春季山上开满野玫瑰而得名。景区植被面积8万余亩，多为原始森林和次生林，各种动植物达700多种。云花溪谷景区有原始森林、次生林、人工林约5.5万亩，森林覆盖率高达65%，古树遍布。玫瑰坨顶草甸面积5000多亩，坦若平川，百花争艳，有“鸡鸣闻四县，花开两省香”的美誉。玫瑰坨顶随季节不同轮番开放着玫瑰花、金莲花、胭脂花、百合花、灯笼花等上百种野生花卉。从花卉的品种、数量、生长面积等方面来看，远远超过涞源的空中草原、北京的康西草原、长白山大草原，这在河北省是独一无二的。

花海。玫瑰坨顶的空中花园堪称大自然的神奇杰作，海拔2000多米的山顶，坦若平川，绿草如茵，隐于蓝天白云和松林碧波之间。十草九开花，5000多亩草甸宛若花的海洋，野玫瑰、金莲花、胭脂花、百合花、紫菊花、灯笼花等上百个品种，红、黄、蓝、白、紫一应俱全，此起彼伏，灿若云霞。传说花神私自到人间闲游，看到玫瑰坨风景如画，流连忘返，被巡视雷公查知，前来捉拿，花神惊慌逃跑间不小心倾斜了花篮，一股五彩缤纷的鲜花洒到坨顶上，自此坨顶百花盛开。玫瑰坨顶的花期长达半年，尤以6、7月份最佳。

奇峰。云花溪谷景区奇峰险峻，峭壁林立，怪石遍布。千米以上高峰90余座，游龙山、罗汉山、笔架山、牛舌山形态各异，各具特色。主峰玫瑰坨海拔2281米，系河北五大高峰之一，有“太行第一坨”“燕赵第一峰”之称，玫瑰坨还有“一坨观八景”的壮丽景色——金蛙昂首，黎明日出，东眺王快、岗南水库，南俯五岳、天桂景区，西望五台五峰，北指百草坨。雨后初霁，天空湛蓝，山间云海浩渺，气象万千，座座山峰恰似大海中的小岛，极为壮观。山中怪石似柱似塔，如禽如兽，七级塔、神龟出海、石蛇等千姿百态，形象逼真。尤其是坨顶最高处的山岩更是令人叫绝，东看似一条黄鱼遥望雾海，西看似一金龟卧于山顶。

飞瀑。云花溪谷景区森林植被完好，降水充沛，加之相对落差大，山泉叮咚，水溪纵横，三步一瀑，五步一潭。树夹泉、冰泉等数十个清泉宛若串串明珠，晶莹剔透，清凉甘甜；银河瀑、马尾瀑、龙舌瀑等十几处瀑布飞珠溅玉，千姿百态；青石潭、三色潭、碧玉潭等十余处深潭，或方或圆，或深或浅，不

秋波谭

拘一格，巧夺天工。

密林。云花溪谷景区内原始森林、次生林、人工林密布，森林覆盖率高达65%。林区内物种丰富，共有植物102科686种，动物100多种，且呈现出华北地区罕见的植被垂直分布，从山顶的高山草甸渐为落叶松林带、桦木林带、针阔混交林带、落叶阔叶林带。尤其是上千亩成片的稀有树种——红桦，极为珍贵。这里古树众多，有400年以上树龄的古板栗树100多棵。

清凉。云花溪谷景区内山峰众多，海拔较高，森林茂密，气候凉爽宜人，盛夏如秋，夏季平均气温18.9摄氏度，实属清凉极地。

自然资源

（一）森林资源

银河山自然保护区总面积 41 666 公顷，其中林业用地面积 37 707 公顷，占总面积的 90.5%，全区活立木总蓄面积 65 万立方米。其中幼龄林 2.34 万立方米，占总蓄积的 3.6%，中龄林 48.7 万立方米，占总蓄积的 74.9%，近熟林 2.8 万立方米，占总蓄积的 4.3%，过熟林 0.5 万立方米，占总蓄积的 0.8%。

（二）珍稀植物

银河山自然保护区内的山体从下至上分别为落叶阔叶林、针叶林和亚高山草甸。景区内乔木林有辽东栎、油松、落叶松、白桦、赤桦、黑桦、山榆、山杨、漆树、元宝槭、盐肤木、核桃楸、花楸等。灌木有线果大叶蔷薇、美蔷薇、北京忍冬黑荀子、大花溲疏、野玫瑰、平榛、青榨槭、锦带花、毛榛、酸枣、二色胡枝子、三桠绣线菊、荆条、接骨木、木本香薷、暴马丁香等。其中有许多变色植物，如盐肤木、青榨槭、卫茅、元宝槭、黑荀子、花楸等。景区的保护植物有刺五加、核桃楸、蛇杨、野生猕猴桃等。这些多种多样的树种，为景区秋季旅游增添了许多美丽的色彩。

历史人文

阎锡山工事群，位于驼梁峰顶山脉一带，因地处冀晋两省交界，扼守平山、五台、灵寿、阜平四县咽喉，历来为兵家必争之地，现遗存的山西军阀阎锡山的庞大工事群，修筑于民国初期，晋、奉两军阀曾在此发生过多次惨烈的战斗。

歪头山

在《徐霞客游记》中有这样一段话描述歪头山：“望西北高峰而趋。十里，逼峰下，为小山所掩，反不睹嶙峋之势。转北行，向所望东北高峰，瞻之愈出，趋之愈近，峭削之姿，遥遥逐人，二十里之间，劳于应接。是峰名五岩寨，又名吴王寨，有老僧庐其上。”

歪头山，一个听上去不起眼的名字，却是保定境内的最高峰，海拔为 2201 米。

概述

歪头山位于保定阜平县与山西五台、繁峙县间，地处太行、五台两山交汇处的十字架上，西与五台山相望，东连黄落伞——摩天岭山系，南北方向是太行山的主山脊。受地形影响，其植被为森林与草坡相间，尤其歪头山主峰周围几乎全是草坡，别有一番景象。

歪头山主峰北侧有“晋奉大战”时期的晋军藏兵洞，东侧山梁有古墩台一座，玫瑰坨、百草坨、黄落伞、银河山、五台

山东台等景点尽收眼底。据当地村民介绍，20世纪60年代以前，歪头山主峰能看到定州、唐县一带。歪头山主峰西、南两侧是

风光无限歪头山

悬崖峭壁，北侧平缓，东侧有飞播松林，华北第一桥黑崖沟高架桥在山下穿过。

云雾歪头山

历史人文

歪头山之所以叫歪头山，是有故事的。当年鲁班欲砍一根栋梁材，千寻万觅找到阜平县龙泉关一带，发现千林坡大树参天，但山尖挡住了千林坡的阳光，妨碍树木生长。鲁班便从腰间掏出神斧，想把山尖砍去一截儿。不料斧头一抡显出一个人影，原来护山神正变作一座山峰在这儿，看护着这里的树林。鲁班收手不住，斧头砍在护山神脖子上，山神的头随即歪向了一边。鲁班见护山神被砍死，伤心地直流泪，泪水从崖上滴到崖底，又流到山下，于是就成了如今的滴水崖，而护山神的头歪向一边，至今抬不起来，这便是歪头山了。

歪头山还有另外一个名字——将军岭。相传北宋名将孟良曾担任龙泉关总兵，并最终战死于此。

千峰山

千峰山的名字出自《清凉山志》：“左邻恒岳，秀出千峰。右瞰滹沱，长流一带。”意为从五台山东台向东方遥望古北岳神仙山，可以看到无数秀丽的山峰。

概述

千峰山风景区位于太行山东麓的阜平县龙泉关镇，距阜平县县城 35 公里，距佛教圣地五台山也是 35 公里。千峰山地处海拔 957 ~ 2129 米的山谷之中，因山中峭崖耸立，奇峰连天，数量众多而命名为千峰山。

千峰山境内山脉逶迤连绵，层峦叠嶂，沟谷纵横，既有雁荡山的神奇，又有黄山的灵秀，奥妙无穷，引人入胜。千丈崖、倚天剑、凤凰石、群蛙跳塘、一线天等奇峰林立，令人震撼。欢腾的山泉穿林越涧、玲珑清澈；无名的山花烂漫绽放，蜂吟蝶舞，构成了宛若仙境的“天上人间”。

千峰山幽谷

主要景观

在千峰山，可观峰、可玩水、可品绿、可探险、可赏花、可喊谷，可以享受大自然的多姿多彩。

观峰。千峰山，深得大自然的造化，山域内奇峰林立，怪石嵯峨，摩天拆地，云腾雾绕，似天斧削劈，似神匠雕琢，敬畏之余顿感震撼，全然折服于自然的神奇天成之中。遍山而生的奇峰怪石，成了人与自然沟通的载体，象形的山石与人的智慧融汇聚合。横看为崖，侧观成柱的山峰，称为“倚天剑”；层层叠叠，绵延百米的峭壁，称为“天书崖”；酷似青蛙，列队山崖，称为“群蛙跳塘”；状如灵猴，跪卧山脊，称为“金猴拜佛”；两山夹一谷，称为“一线天”；石廊穿一山，称为“天门洞”。在这里，山石被人为地赋予了生命，

梦幻千峰山

沾染了几分仙气。

玩水。欢腾的山泉，穿丛草，过石罅，一路欢歌，跳跃谷底。时而垂下数尺白练，似烟似雾似纱；时而击起碎玉万颗，亦真亦幻亦梦；时而呼啸山间，如激昂的交响；时而轻声幽咽，如空灵的夜曲。刚见溪水奔流，水声叮咚，几步之后，却见溪水隐遁，不知所踪。继而紧行，又有溪身惊现于视野的上游。时隐时现的山泉为厚重的大山增加了几分灵动，又平添了无限神韵。山泉涌溢，随时随处可品尝到甘甜清冽的泉水，以解攀缘而上、猎奇探幽的焦渴，还一身清爽与松弛。撩一撩水花，洗一洗污尘，品一品甘泉，这时人与水完全融为了一体，溪水成了世间唯一的精灵，水声成了世间唯一的回响。

品绿。千峰山的绿是值得用“品”来体味的。这绿，绿得通彻。从一脚踏入谷口，直到攀上山顶，整座千峰山全被绿色包裹，别无异色，直从山底绿到天边，从地表绿到山内，让人看不够，看不厌。这绿，绿得称奇。望不到边的古树密林，挺拔参天、遮天蔽日，行进在清爽的绿中，浸润在湿漉的空气中，心底由衷感叹造物主的神奇，竟有如此富含诗意的绿色空间。这绿，绿得纷繁。若将千峰山的绿交于山水画家描摹，定会让画家犯难。浅绿、翠绿、墨绿、鹅黄……众多称不上种类的绿，着实可以穷尽画家调和颜料的技艺，只能留下亲睹这绿色的美妙吧。

探险。幽深狭长的山谷，迂回曲折，谷连谷，谷套谷，像置身于没有尽头的迷宫，辨不清方向。原始野性的景致，随脚步挪移在眼前次第拉开，永远有领略不尽的奇观胜境在未知的前方等待，似是闯进了充满灵异的童话世界，彻彻底底征服了人类的想象。结伴探险是最佳的选择，可让探险者尽情体验到觅得胜景的惊奇，享受到亲自命名的乐趣，是绝对的探险基地，天然的生态乐园。

赏花。漫山的野花在幽谷中烂漫绽放，红、黄、蓝、白、紫，争奇斗艳，耳畔蜜蜂嗡嘤，周身彩蝶蹁跹，编织了一个连画家都难以描绘的五彩世界，构成了胜似仙境的天上人间。在这静寂的山谷中，无名的山花芬芳吐艳，从不招摇，自花其花，自香其香，为了开放而开放，那种自然的大智慧让人类汗颜。

喊谷。登临峰顶，看群峰环抱，雾霭弥漫，“一览众山小”的感叹唯有登高一呼方可表达、宣泄。空荡的山谷，被此起彼伏的喊声搅得喧闹一时。呼声几经折返，久而不消，飘摇至谷底，散落在丛草林梢，随风荡漾，谱成悠远的曲子，美妙的调子。

历史人文

（一）隐士乐园

千峰山一带曾是隐士的乐园，发生过诸多神奇的故事。

《古清凉传》记载："台之东连恒岳，中间幽旷，人迹罕至，古老相传云，多有隐者。余常行至台之东北，遇会一人，问其古迹，彼乃以手指台岳两间曰。昔时，因猎经至台东，忽见茂林花果十余顷。及后重寻，莫知其处。且诸台之中，此台最远。其间山谷转状，故见者亡失所怀。礼谒之徒，多不能至。"

《清凉山志》记载："千峰山一带有栖贤谷，台西南沟，俗呼宰杀沟，自古真人藏修处也。"

曾有诗曰："路入清凉爽，幽栖独此多。烟霞藏梵宇，钟声出松萝。叠嶂呈奇画，流泉弄玉珂。寻真未相识，且看白云过。""深谷岂宜俗客住，溪云常共野僧闲。"

（二）礼佛路胜景

古人自华北平原西行五台山礼佛必过阜平龙泉关千峰山，此处均是一路山水诗画般的风景。上至皇亲贵族，达官贵人，下至黎民百姓，善男信女，在礼佛路上，人们远离尘世的纷扰，感受佛法的精妙，陶醉地欣赏着这西行路上的秀丽风光。

抱阳山

抱阳山位于满城区西偏南 5.5 公里的抱阳村北，为太行山东麓余脉之孤山。东与陵山满城汉墓为邻，西邻“瀹水伏流”之界河，京昆高速公路和南水北调之渠道由山西界河穿过。

在八百里巍巍太行这个大家庭中，抱阳山只能算是一个小兄弟。它并不高大，也不算魁梧，但却是很有特色的一座山。抱阳山主脉坐北朝南，呈“几”字形，有大小山峰 10 余座。

中国古代哲学家认为阳是贯彻于一切事物的两个对立面之一，跟“阴”相对。一阴一阳谓之道。抱阳山其名既是因为其山的形状，同时又来源于“万物负阴而抱阳”之意，抱阳山，一个多么让人温暖的名字。

概述

抱阳山属太行山东麓的余脉，抱阳山北峰为主峰，海拔 316.5 米，分两翼向西南和东南延伸，总面积 8 平方公里，像巨人伸开两臂拥抱乾坤，呈抱阳之势，故名抱阳山。因山南谷内“气暖山无雪，天寒树未秋”，草木葱郁，花香四溢，又名

抱阳山

花阳山。

抱阳山山势雄伟，景色绮丽，名胜古迹繁多，寺院遗迹遍布，形成了以佛教为主的抱阳山文化。景区内历代古刹极多，遗留下众多的墨石碑刻，现有古碑20多块，记录着抱阳山的古老文化。有着千年古老文化的风景胜地抱阳山，一步一景，逢景有典，引人入胜。最著名的有一亩石、百步廊、明珠窝、滴水塘、托天树、出云洞、读书堂、上天梯等八景。

明珠窝

历史人文

抱阳山自然景观绮丽，名胜古迹众多，历史文化悠久，人文资源丰富，这应该是吸引众多游客前来旅游的重要原因。

（一）抱阳山寺庙

俗话说“天下名山僧占多”，僧人修行求清静，所以多在风景秀美之处建立寺庙，加之他们大多懂一些风水知识，所以选址更是讲究，无论是选址还是建设都符合传统的风水学、建筑学，风景绮丽的抱阳山，自然也少不了修行人的足迹和庙宇。抱阳山名胜古迹繁多，寺院踪迹遍布。山顶有隋大业八年（612年）建的宝教院，唐代著名宰相张说幼年时就读于该院的东崖书院，担任宰相以后，张说为报恩，扩建宝教院为圣教寺，又名读书堂，壁刻篆书“大唐张燕公读书处”。唐开元年间建定惠寺，宋景德年间，大名路总管邢仲良父子读书于此，复建为

远眺华严寺

继志庵。元代建万寿寺，明代建华严庵、朝阳庵，清代建娘娘宫、龙王殿。新中国成立后，众多建筑破坏无存，只剩十几块祈雨、游记等内容的碑刻。

抱阳山因山势奇伟，吸引了历代文人墨客和官绅显贵登临游览，留下了大量的诗词题咏。元代学士刘因曾题诗曰：“下瞰悬崖老木稠，轻风毛发散凉秋。苍苔白石梦初觉，霎月疏云山欲流。”元代学士郝经曾题诗曰：“屏颜苍玉抱幽村，突兀双龙窟宅尊。回首万山东尽处，冷烟平远半乾坤。”

20世纪90年代末，抱阳村先后在抱阳山建华严寺、药王庙、观音庙、龙王庙等。21世纪初，抱阳村又在山脚下新建定慧寺，占地10余亩，建有山门、钟鼓楼、天王殿、大雄宝殿、东西配房，另建西跨院，内建僧舍、念佛堂、斋堂等，总建筑面积1080平方米。这样庞大的整体寺庙建在山峰上，在河北省是独一无二的，即便在国内也是少见。

（二）抱阳山碑廊

抱阳山碑廊有碑刻 20 余通，自北宋，历经金、元、明、清五个朝代，记述了该山寺庙建筑的历史、有关的名人以及有关的历史事件。为保定编史修志提供了珍贵的史料，值得认真学习研究，吸收有价值的内容编入史册，补史书之缺，纠史书之误。

百步廊南端建有黄甫俊烈士纪念碑亭和抗战四周年纪念碑。山下建有抱阳山烈士陵园，青松翠柏，庄严肃穆。

（三）文化底蕴

抱阳山的佛教文化、历史文化、红色文化，以及其碑廊文化，都非常值得研究，抱阳山周围县市的很多人常常会在节假日期间到抱阳山一游。抱阳山茂密的树林，盛开的花朵，温润的气候，清新的空气，都引得游人或登高长啸，或触景生情，或怀念先烈。畅游其间，游人细细地感受抱阳山的文化气息，静静地品味抱阳山的文化底蕴，个中滋味，确实其乐无穷。

抱阳山碑廊

抱阳山吟

贾瑞增

旭日东升，吾怀抱之。夕阳西下，吾目送之。
朝朝暮暮，外载如斯。经天纬地，夸父追日。
为民为土，代有先知。年年岁岁，吾风咏之。
君子之过，日月之蚀。小人之德，走肉行尸。
日日夜夜，吾明察之。漫山冰雪，青松挺直。
烈士鲜血，一面旗帜。千年万年，孰写历史？
百步廊回，天梯揽日。滴水堂边，坐一亩石。
日日夜夜，听吾赋诗。托山树下，明珠泛紫。
牛角仙洞，曾主僧师。年年月月，几多故事？
青溪东流，吾足濯之。紫燕南飞，吾手招之。
年年岁岁，逝者如斯。却有疯子，桀犬吠日。
天道自然，逆之者死。千秋万代，抱阳永兹。

下篇

保定名水 沧浪东流

子曰：“智者乐水，仁者乐山；智者动，仁者静；智者乐，仁者寿。”保定，恰是山水交融，共同润色滋养的城市。川流不息的河流交织出保定这座城市成长的脉络，浇灌出生生不息的城市魂魄。保定名水之名，因其奔泻千里之壮阔，因其广为流传之典故，因其润泽一方之功绩，因其负载民生之重托。汤汤乎万丈翻滚，浩浩乎九曲逶迤，保定名水，既翻腾着古往今来几多沧桑记忆，又串联起京津冀三地一脉相承的血脉相继，天人合一，万物并作，吟唱着古城的新韵。

海河

“逐水而居”是自古至今人类争取生存与发展一直遵循的基本规则。水是生命之源，“逐水而居”使人类可以更加便利地获取到生命之源，同时，“逐水而居”又为人类改变河流提供了愈加便利的条件和动力。河流的改变不仅改变了自然界，也改变了人类社会，并正在越来越大地影响着人类生存与发展的现在与未来。

保定市位于海河流域大清河水系的中上游。大清河上游分为南北两支。北支水系上游为拒马河，自张坊出山口以下分为南拒马河、北拒马河。北拒马河在涿州市境内有胡良河、琉璃河、小清河汇入后称白沟河；南拒马河在定兴北河店有北易水、中易水汇入，白沟河、南拒马河在白沟新城汇流，以下称大清河。北支洪水经新盖房枢纽分别由白沟引河入白洋淀、新盖房分洪道入东淀。南支水系有潴龙河、唐河、孝义河、府河、漕河、瀑河、萍河等，均汇入白洋淀，南支洪水经白洋淀下口的枣林庄枢纽入东淀。大清河水系流域面积 4.3 万平方公里，其中白洋淀以上流域面积 3.1 万平方公里。保定境内水系的最大

海河上游支流大清河

特点是呈扇形分布，自成水系。

保定河流水脉归属的海河流域是中国一个重要的水系，它是中国华北地区的最大水系，是中国七大河流之一。海河主要位于京津冀地区，并在这一地区形成海河流域。海河流域在天津合流后的下游称海河。海河上游包括五大支流即潮白河、永定河、大清河、子牙河、南运河（在海河流域称为漳卫河）。其中永定河、大清河都穿流于保定境内，虽河道几经变迁，但仍旧流淌千年，源源不断，生生不息。

海河流域年均径流量为 211.6 亿立方米，具有地区分布不均的特点，山地年均径流深 110 毫米，平原则仅为 57.6 毫米。流域各河径流变化剧烈，大部分河流有 1/2 至 4/5 的年径流量集中在 6 月至 9 月，7、8 月间形成夏汛，月径流量可占全年的 1/4 至 2/5。年际间的变化更为悬珠，多水年和少水年的径流量相差可达 5 倍。由于海河流域上游支流繁多分散，下游支流相对集中，河道容泄能力上大下小，尾闾不畅，故而极易形成洪峰，给流域内人民的生产生活带来极大的危害。

海河水系经历了初步形成、暂解体和再形成的三个阶段。东汉建安年间第一次出现众流归一的扇形河道结构，形成海河水系尾闾雏形。故《水经・沽河》云："清河者，泒（孤）河尾也。"清河合淇、漳、洹、滱、易、濡、沽、滹沱等水同入海。

海河上游支流永定河

此时清河的泉州（今武清境内）至军粮城入海口段就相当于海河干流那时已形成的部分。300 多年后又随之解体。至隋大业四年（608 年），随着南北大运河建成，海河水系又一次形成。400 多年后，黄河于北宋庆历八年（1048 年）至元符二年（1099 年）间三次决口北迁，夺海河入海，海河流域广大地区成为黄河下游。至南宋建炎二年（1128 年），黄河南徙后，漳卫南运河、子牙河、大清河、永定河、北运河分别注入海河干流，海河水系再一次形成。宋时，海河为界河下游段，金元时称为直沽河、大沽河。海河这个名字始见于明末。在清代陈仪着《直隶河渠志》中载有："海河，南、北运河，淀河（大清河）之汇流，自天津东北迄至大沽口一百二十里。"这里的海河即今天的海河干流。记载虽有不确切之处，但大体上说明了海河干流的方

大清河

位、流经地域及最后归宿。从这时起，直沽河等名称才逐渐被海河这个名字所取代，至今约 200 年。

海河水系大多数河流发源于太行山和燕山，在山区与平原间没有丘陵过渡带。每年夏秋降雨集中，且多暴雨，山区河流

中易水

坡陡流急，洪水出山口就进入平原，之后坡度骤降，流速减慢，水流挟带的泥沙淤积于河床，从而降低了下游河槽的过水能力。当几条河同时涨水汇入海河，相互顶托，如果水流不能及时宣泄，往往酿成洪灾。据历史文献记载，从 1368 年到 1948 年间，

海河流域曾发水灾387次，旱灾401次。在这500多年中，天津市被淹过70多次，而每次发生较大的水灾时，都有100多个县受灾。又有不少时候是先旱后涝，导致很多地区反复受灾。其中，1939年天津遭受严重的洪水灾害。白洋淀东堤决口，永定河、大清河、子牙河、南运河相继猛涨，后相继决口，洪水汇成一片冲进市区。天津被淹2个月，街上行船，工厂停工，交通中断，受灾群众达65万。新中国成立后，毛泽东主席发

拒马河

出了“一定要根治海河”的号召。自1958年开始，海河流域人民按照统一规划、综合治理的方针，从上游到下游，从支流到干流，对海河水系进行了全面根治。先后在各支流上游兴建官厅、岗南、黄壁庄、密云、岳城、王快、西大洋、龙门、安格庄等大型水库，同时还修建了许多中小型水库；开挖、疏浚潮白新河、永定新河、子牙新河、漳卫新河和独流减河的出海干道；修筑防洪大堤4300多公里。此外，还修建许多抽水站，开凿数以万计的机井，提高农业的抗旱能力。上游山区植树造林1000多万亩，整修梯田300多万亩，以达到控制水土流失的目的，平原地区有一半以上的盐碱地得到改造。上百万的治河大军中，就连中小学生、家庭妇女也挥锨上阵，完成了大大小小一系列整修工程，终于从根本上对海河进行了治理，并收到了良好的效果。

与保定的山脉一样，海河水系在保定的干支流上，发生了很多故事，这些故事同样是雕塑保定人民独特性格的重要因素。其中最著名的当属“风萧萧兮易水寒，壮士一去兮不复还”的荆轲，那是发生在易水河上的慷慨悲歌；其次是抗拒石勒的刘琨，“何意百炼钢，化为绕指柔”是48岁的刘琨被缢杀前写的一首诗中的最后两句，他在拒马河抗拒石勒，最终被杀害于拒马河下游的廊坊境内；流传最广，故事最多的，当属杨家将中杨延昭、孟良的故事，他们是忠君报国的典范，为百姓所铭记。在海河流域发生的这些故事，我们除了在保定名山篇当中有所介绍外，还将在名水篇的各个章节中加以具体介绍。

太行山和海河不仅哺育了生活在这片土地上的保定人民，同时也不断充盈着保定人民的精神家园。

大清河

大清河是海河流域的五大水系之一，在保定境内的河流主要为大清河水系。大清河之于海河而言是非常重要的，大清河水系流域面积占海河流域总面积的 15%，但按大水年份 30 天最大洪量统计，大清河的来水量能占到海河总来水量的 44%，

大清河景观

这充分说明了大清河水系洪水在海河洪水中具有举足轻重的地位。1963 年的大水，8 月上旬太行山降雨 302 亿立方米，大清河水降水即占其中的 63%。大清河之于保定而言更是非常重要的，它源流不息地冲刷出华北平原的水脉阡陌，切割出千百年来保定的高峡低湖，流淌出保定古往今来的涓涓记忆，滋养出了保定山水文化的勃勃气韵。

概述

大清河水系位于海河流域中部，流域北界为永定河，南邻为滹沱河。历史上每当洪水季节，大清河水系常受永定河、滹沱河以及黄河的侵扰，以致这里形成很多洼淀，成为谷形盆式淀河。

大清河水系水脉纵横，其干流在白沟河与南拒马河汇流后，始称大清河。大清河流经王祥、新盖房村东入雄县境，经西关、南关东流至张青口，下游与赵王新河汇合，沿文安、霸州偏东行，过津保公路东行，过苏桥至王圪瘩汇入东淀大清河，再东流经霸州入天津市静海与子牙河汇流，最后东行入海。

流域环境

大清河上游分南北两支：南支来自恒山南麓，包括由磁河和沙河等汇集而成的潴龙河以及唐河、府河、漕河、瀑河等；北支来自太行山东麓的拒马河，拒马河发源于保定市涞源县的涞山，流至张坊分为北拒马河和南拒马河，两河在白沟镇汇合后，再经雄县至新镇西南与南支汇合后称大清河。大清河全长 483 公里，流域面积 3.27 万平方公里（至工农兵闸）。上游多支流，源短流急，汛期上游各支流同时涨水，下游往往宣泄不畅，水灾频繁。新中国成立后，大清河上游修建水库，中游整修河

上下天光

堤，下游开挖独流减河，排洪入海，很大程度地减轻了水灾。

水利工程

新中国成立后，保定市政府对大清河流域内的水旱灾害进行了一系列治理。治理初期，整修了旧时遗留下来的残破堤防，整治河道，展堤开步，加固险工，新辟了新盖房分洪道、独流减河、赵王新渠和陈村分洪道等，并兴建了一些固定分洪口门和泄洪、进洪闸工程。随后，在大清河上游山区兴建了大中小型各类水库120多座，其中大型水库有王快、西大洋、安格庄、龙门、横山岭、口头等，有效地控制了洪水，并充分发挥了水库灌溉、发电、养殖等作用。1963年大水后，保定市政府对大清河进行了全面整治，开辟了唐河新道、枣林庄行洪道及入海尾闾、白沟引河；扩挖、疏浚了赵王新渠、东淀内的大清河及中亭河、独流减河；对牛角洼、赵王新渠下口和石沟等处进行了开卡，对北系河道堤防、白洋淀千里堤、东淀中亭堤和隔淀堤、独流减河左右堤等都进行了复堤、展堤；兴建了枣林庄和新盖房两大枢纽工程，使南北两水系水源得到了有效地控制。经过大规模治理，当时治理后的河道已达到了10年一遇至20年一遇防洪标准。

在防治洪水过程中，保定市政府还大力开展了抗旱灌溉工程。现有灌溉设施控制面积1839万亩，其中万亩以上灌区24处，井灌控制面积1347万亩。在低洼易涝和封闭地区兴建扬水泵站50多座，总扬水能力3[illegible]2立方米每秒，有效地抗御了水旱灾害，保证了农业的稳产增收。

大清河不仅风景秀丽，自然资源亦十分丰富，除了盛产鱼、虾等水产品外，河沙资源储量也很大，约有6000万吨。沿河两岸的群众在河里取沙、运沙，沙场随处可见，年开采、储运量在150万吨以上，经济收入十分可观。

白洋淀

白洋淀是中国海河平原上最大的湖泊，素有华北明珠之称，亦有“北国江南、北地西湖”之誉。一片白洋淀，就是一片财富。

白洋淀上波光荡漾，水鸟啁啾，芦苇婆娑，荷香暗送，构成了一幅生态美景。2007 年，保定市安新县白洋淀景区经国家旅游局正式批准为国家 5A 级旅游景区。著名景点有荷花大观园、白洋淀文化苑、鸳鸯岛等。

白洋淀一年四季，景随时移。春季，水域清澈，烟波浩渺，芦苇翠绿，一片勃勃生机；夏季，莲菱蒲苇随风摇曳，满淀荷花盛开，湖内白帆点点，使人暑意顿消；秋季，白洋淀天高气爽，气候宜人，鱼跃水面，蟹肥味香，渔船队队，捕捞繁忙；冬季，白雪皑皑，冰封大淀，一派北国风光，各种冰床穿梭往来，如同燕子在空中飞翔，是一个巨大的天然滑冰场，可自由驰骋。

白洋淀人民具有光荣的革命传统。抗日战争时期，活动在白洋淀的抗日武装雁翎队，在中国共产党的领导下，利用淀区芦荡遍布，沟河交错的有利地形，开展机动灵活的游击战，以弱胜强，痛击日本侵略军，大长我中华民族之威风，显示出燕

赵儿女的聪慧勇敢。著名作家孙犁的《荷花淀》，孙厥、袁静的《新儿女英雄传》均以淀区为题材。白洋淀儿女那飒爽英姿，今日仍被全国人民传扬歌颂。

白洋淀风光

概述

白洋淀又称西淀，位于河北省中部，是地处河北平原与滨海平原交接地带的湖泊冲积洼地，总面积 366 平方公里。

白洋淀有大小淀泊 143 个，其中千亩以上的有 31 个，百亩以上、千亩以下的有 68 个，百亩以下的有 44 个。在千亩以上的淀泊中，白洋淀、马棚淀、烧车淀、羊角淀、小北淀、池鱼淀、后塘淀等 7 个淀泊面积在万亩以上，而以白洋淀面积最大为 19 899 亩，故以白洋淀为诸淀的总称。

白洋淀荷花

白洋淀自古就以物产丰富、风景秀丽闻名于世，素有“日进斗金，四季皆秋”之誉。

各淀泊有灌溉、渔苇、航运之利。20 世纪 60 年代，白洋淀的航运上达保定，下至天津，为天津水运的重要航道。由于其得天独厚的自然条件，成为野生动植物栖息的理想之所，辽阔的水域，秀丽的风景，水村与芦荡、荷塘交错，成为历代游览观光的胜地。

1972 年 11 月，时任国务院总理周恩来就白洋淀运用问题，明确指出白洋淀发展方向为“滞洪滞沥，蓄水灌溉，渔苇生产，综合利用”。

流域环境

从地质钻探资料可见，白洋淀南肃宁一带，在地下 6 ～ 10 米处有黏土层及贝壳。地史资料记载，任丘等地有古沼泽遗迹，并在地下 1.5 ～ 2.0 米处发现蓝灰色黏土沉积层。证明古时白洋淀的面积很大，由于历年入淀各河泥沙淤积以及围垦造田，使白洋淀面积不断缩小。据 1981 年水利部海河水利委员会《白洋淀生态环境变化的调查报告》，白洋淀自元世祖时期开始修筑堤埝，明末清初大规模筑堤，隔淀围垦。《海河今昔纪要》中载：“明正德年间，修筑新安北堤，西起三台，循藻杂淀北岸，经涞水城、崔公堤、留村村南，至新安环城三面，东经宋庄、大张庄，北经南河村至雄县马蹄湾、十里铺，共长 10686.5 丈。”按前顺直水利委员会实测五万分之一地形图量得约为 43 公里。新安北堤以北是大王淀、小王淀，古时叫大溵淀、小溵淀，《水经注》中叫大渥淀、小渥淀，新安北堤建成后全部隔于淀外。

白洋淀西南侧的安州西堤、安州北堤、安新南堤和马家河堤是从明景泰年间至清同治年间逐渐连接形成的，因其像一个椭圆形的环城堤埝而得名四门堤。

由于明末清初的大规模筑堤，隔淀围垦，仅从清顺治元年(1644 年) 至清光绪七年 (1881 年) 的 237 年间，白洋淀的面积就缩小了十分之九。

新中国成立初期，白洋淀连年大水。1963 年大水后，白洋淀治理纳入海河工程，枣林庄水利枢纽的建成使百草洼隔于淀外。如今的白洋淀，东南至千里堤，北至新安北堤，西南至西四门堤，周围堤埝长为 230 公里，当十方院水位为 10.5 米时 (保证水位)，白洋淀容积为 10.375 亿立方米。从 20 世纪 50 年代初到 20 世纪 60 年代中期，白洋淀面积由 561.1 平方公里减少到 366 平方公里。

白洋淀之春

淀区的水域构造独特。它既有异于中国南方的内陆湖泊，又不同于北方的人工水库。白洋淀是由多条河流将各个淀泊连在一起，诸淀一般只有大体方位，当水位较高时汪洋如海，从而形成沟壕纵横，河淀相连，芦荡莲塘星罗棋布，一个个淀泊既相互分割又相互联结，形成淀中有淀，水路交错，沟壕纵横相连，水域辽阔的特有自然景观。

历史人文

白洋淀紧邻北京，所以达官贵人多到此游览，历史记载也比较多。

清康熙帝《莫州水淀记》中载："汪洋浩渺，势连天际"，"虽无山林台阔之趣，水村林薮，有淳厚之俗，沙鸥锦鳞，互相游泳，春花野草，参差万状，观之不足"。每至盛夏，蒲绿荷红，岸柳如烟。时逢金秋，芦苇飞絮，稻谷飘香。隆冬腊月，坚冰四野，坦荡无垠。淀区奇景，妙趣天成。达官显贵，墨客骚人，纷至沓来。早在金代，白洋淀就已成为皇帝常常游览之地。金代章宗、清代康熙和乾隆帝都在淀区建有行宫。

金章宗在渥城西南隅筑行宫，名建春宫，每年都会举行秋山春水之典。秋山以备秋猎，春水以行水围，白洋淀水乡便为春水。金明昌五年 (1194 年) 后，章宗每岁必至，因章宗元妃李师儿家在渥城 (今雄安新区)，故筑离宫，以供驻跸。元代，"每逢三四月间，士大夫公暇，常到淀区，游目骋怀，吟咏唱和" (《安州志》)。明代中期，白洋淀一度淤为平地。明正德十三年 (1518 年)，杨村河决入，复成泽国，再现白洋淀风光。高贤隐士或泛长波，或瞻灵宇。明代东阁大学士、兵部尚书孙承宗，礼部尚书刘恺，诗人都御史孙慎，陕西按察司副使邢云路，诗人王荔等都曾在白洋淀留下名篇。清代，地处京畿、风景秀丽的白洋淀，成为帝王游览的理想去处。据记载，康熙帝曾来白洋淀40多次，其中打水围20多次，乾隆帝亦多次来白洋淀打水围。明末清初，大儒孙奇逢，清初诗人、礼部尚书王士祯，清乾隆年间内阁学士翁方纲等都曾吟咏白洋淀的秀丽风光。

（一）白洋淀形成的传说

关于白洋淀的形成有个美丽的传说。相传很久以前，一个中秋夜晚，嫦娥仙子偷吃仙药，身不由己，飘飘然离开月宫，就在她将要落入凡间的一瞬间，猛然惊醒，这一惊非同小可，随身宝镜不慎落入人间，摔成了大大小小的143块，从此便形成了白洋淀现在的143个淀泊。

（二）革命历史

白洋淀人民具有光荣的革命传统。1923年加入共产党的辛璞田，受顺直省委的派遣到家乡马家寨开展农民运动。1927年夏，共产党员刘亦瑜，受中共保定地委的派遣到淀区北冯村与王家骥等人，建立起淀区第一个党支部。辛璞田、刘亦瑜、李之光、侯卓夫等革命先烈，为寻求救国救民之路，舍家弃业，投身革命，坚持真理，宁死不屈，成为共产党员学习的榜样。1943年8月，新华社记者穆青在延安《解放日报》发表特写《雁翎队》。1945年5月，作家孙犁在《解放日报》发表《白洋淀纪事》之一《荷花淀》，白洋淀由此声名鹊起。从解放战争后期始，先后出版了《新儿女英雄传》《小兵张嘎》等介绍白洋淀抗战事迹的书籍，白洋淀从此闻名海内外。

抗日战争时期，活跃在白洋淀的水上游击队——雁翎队，利用有利的地形，驾小舟出入芦苇荡中，神出鬼没，声东击西，辗转茫茫河淀上，沉重地打击了日本侵略者，谱写出一曲曲白洋淀人民抗日救国的凯歌，雁翎队也因此闻名中外。白洋淀地区流传着许多有关雁翎队的脍炙人口的故事。在原安新县城，

今日白洋淀之“嘎子文化”

建有雁翎队纪念馆，展示着当年雁翎队游击队员们机智勇敢地与日本侵略者斗争的实物，以及相关的文字介绍。

解放战争时期，朱德总司令和聂荣臻司令员在指挥清风店、解放石家庄两大战役时，都曾来白洋淀视察。白洋淀革命斗争的光辉业绩载入了中国革命的史册。

（三）历史遗迹

白洋淀历代留下许多名胜古迹。如战国时地处“燕南陲赵北际”的赵北口；元明清三代著名的十二联桥；北宋杨延昭（即民间所称的杨六郎）屯兵御辽的营寨、堡垒；明成祖朱棣在这里引兵修筑台田，在洛王淀修建的用以记功的“乐驾台”；清康熙、乾隆皇帝巡幸白洋淀时在端村、赵北口等地修建的行宫等。

今日白洋淀之“鸭圈印月”

元代安州八景。元代安州太守完颜安远定濡阳八景。濡阳即安州(治今安新安州镇),因其位于濡水(今清水河)之阳得名。八景为“云锦春游”“齐云晚眺”“石臼停舟”“白洋垂钓”“柳絮飞滩”“蒲口落花”“板桥晓月”“易水秋风”。

安新县志《新安志》中记载的“新安八景”有“静修书院”“妃子妆台”“台城晚照”“聪寺晓钟”“长钩垂钓”“东堤烟柳”“西淀风荷”“鸭圈印月”，其中有的景点已经不复存在，在留存的景点中，当身临其境时，仍足以令人心旷神怡。

（四）多姿多彩的文学形式

白洋淀地灵人杰，特殊的地理和自然生态环境，以及丰厚的人文历史积淀，成就了多姿多彩的白洋淀文学形式，打造出了独特的白洋淀文学特质。丰富多彩的诗赋、民歌、散文、小说和纪实文学作品，以及保留在文献中的大量行宫楹联、戏曲、剧作等，这些都是白洋淀宝贵的文学财富。

白洋淀的诗歌涉及内容广泛，题材多样，表达方式各有不同。

水淀风景诗作多与八景文化相关，出自帝王官员、文人骚客以及普通百姓之手。如“二人土上坐，一月日边明”，风景场景描写简单，但寓意深刻，蕴含丰富，且对仗工整，颇见功底。

纪实叙事诗不仅数量不亚于风景诗，而且文学和史料价值都很高。如“鱼龙今不夜，村落大河湄。已自绝烟火，仍看换霆霓。范甑蛙同怒，巢居鸟共栖。诟租悍吏下，索饭痴儿啼。兵檄急星火，岂不念孑黎。仁哉恤民诏，催科有限期。当日郑监门，抱泣欲何之。”再如《赵北口》：“啮尽长堤碧玉平，唤船人集午相争。偶然束马悬车渡，亦似浮家泛宅行。鱼栅低围芦作界，酒帘斜挂柳为城。”前后两种场景，形成鲜明对比。行围水猎诗属纪实叙事诗范畴，多怀古咏史、托物寄怀、政治警示、治淀喻理、奉慈行孝、歌功颂德、风化引导、哲理教谕的内容，也是白洋淀古体诗的重要组成部分。其中，边继祖为乾隆所作的《水围赋》最具代表性，将白洋淀文学中赋的成就推上了高峰。

民歌是白洋淀人歌咏生活，寄托美好愿望，表达思想情感的经典方式，李永鸿的《白洋淀渔歌》，既是对流行已久的淀区民歌的继承和总结，也是在革命年代和社会主义建设时期白洋淀民歌创新发展的典型。

以白洋淀为背景的散文也有很多，如西晋左思的《魏都赋》，观景古白洋淀以记事，感叹大自然造物之倬诡魁殊，记述穿龙山之虎涧汇集成掘鲤之渊淀的绮丽风景。顺治时期的高景，观白洋淀“汪洋浩淼，势连天际，大小舫浮乎其中者，宛如仙搓初返银河”，不免发出“波涛吞乎日月，云雾变乎春秋”的感叹。

“荷花淀派”是白洋淀革命文学的最高成就。白洋淀军民英勇抗日的事迹为文学创作提供了丰富而深广的题材。“荷花淀派”文学以现实为基础，笔下记录了白洋淀人民依水而战、保家卫国的英雄事迹和光辉形象，《荷花淀》《芦花荡》与《风云初记》开中国诗化小说之先河，奠定了“荷花淀派”的基础。此后，《新儿女英雄传》《白洋淀水战》《小兵张嘎》《紫苇集》等文学和影视作品纷纷发表或公映。这些作品使一个个鲜活生动、自强不息的水区儿女形象，跃然于那片美丽而英雄的淀河之上，他们热爱生活，热爱水淀，机智顽强，不怕牺牲，感人至深。“荷花淀派”以其特有的文学形式和优秀的文学硕果，与摄影纪实、连环画册等其他艺术形式一起，以纯真静美、朴实无华和生动传神的笔触，将白洋淀军民波澜壮美、真实感人的抗日故事，镌刻在中华民族自强不息的不朽丰碑之上。

（五）美食文化

白洋淀水域辽阔，物产丰富，素有“北方鱼米之乡”的美称。

白洋淀水面宽阔，阳光充足，水质良好，水生植物繁茂。许多水生植物、浮游生物、底栖软体动物都是鱼类很好的饵料。白洋淀有淡水鱼 50 多种，鳜鱼、鲤鱼、鼋鱼、青虾、河蟹远近驰名，莲、藕、菱、芡更是久负盛名。

白洋淀的芦苇是一大特产，品种多达 10 余种，芦苇面积 11.6 万亩，年产量 8895 万斤。

除盛产水产、土产外，白洋淀还盛产一种驰名中外的风味食品——皮蛋。白洋淀松花蛋具有 100 多年的生产历史。据传，在清代，白洋淀当地就开设了很多作坊，加工松花、青果（咸鸭蛋），畅销京津保一带。

皮蛋，又名松花蛋，是河北省出口的传统食品，因其主要产地在白洋淀一带，故又称“白洋淀松花蛋”，对外出口则统称“河北皮蛋”。白洋淀松花蛋以个儿大、风味独特和营养丰富而著称。剥去蛋壳，蛋体晶莹，呈茶褐色半透明状，形似琥珀而富有弹性，表面有美丽的松枝花纹。切开蛋体，蛋黄为深绿色或五彩色，黏度适宜，浓而不滴，清香扑鼻，味美适口，食之不腻，容易消化，最适宜佐酒，故当地有“没有松花不成席”之说。

白洋淀松花蛋，以本地产的鲜鸭蛋为原材料，经独特工艺加工制成。白洋淀水域辽阔，气候温湿宜人，水生生物繁多，是淀鸭优良的天然饲养场，当地群众有传统的养鸭习惯。鸭群生活在浅淀中，主食鱼、虾、虫、螺蚌和水藻等新鲜食物，不仅产蛋多，个儿头大，而且营养丰富。为加工松花蛋提供了高质量的原料。

（六）旅游发展

为发展旅游事业，安新县从 1991 年开始举办“中国白洋淀荷花节”。每年 7 月开展“观赏荷花，开展红色之旅”活动，8 月组织垂钓比赛、百里荷香笔会、“荷花情”书画摄影作品展、十八湾水路生态游，9 月安排码头赏月、文艺演出、水乡民俗风情游等文娱活动。

来白洋淀游玩的游客，住宿大多会选择白洋淀农家院。农家院性价比较高，住宿、就餐在同一地方，而且门口就是码头，出行非常方便。农家院的饭菜主要以白洋淀自产的鱼、虾、蟹、鸭蛋、藕为主，有地道的白洋淀柴锅炖鱼、玉米饼等，主厨多是白洋淀地道的土厨子，饭菜具有地道的白洋淀风味。

水利工程

白洋淀是华北平原上最大的淡水湖泊，在京津冀地区发挥着缓洪滞沥、涵养水源、调节区域气候、维持生物多样性和珍稀物种资源等方面的重要作用。同时，白洋淀还是大清河水系中游的天然湖泊，承接潴龙河、唐河、孝义河、府河、漕河、瀑河、萍河等河的洪水，1970 年，开挖了白沟引河，又将白沟河、南拒马河低标准洪水引入白洋淀，经自然和人工调蓄后由枣林庄枢纽下泄入东淀。

白洋淀从 20 世纪 60 年代中期开始，多次出现干涸。1966 年初、1972 年汛前、1972 年年末至 1973 年汛前、1976 年汛前、1981 年汛后至 1982 年汛前、1983 年汛后至 1988 年汛前，前后 6 次出现不同程度的干淀。加之 20 世纪 70 年代白洋淀水面出现较严重的污染，导致水生生物遭到毁灭性的灾害。

为确保白洋淀的生态安全和旅游需要，1997 年至 2018 年，保定市政府多次协调组织实施引黄济淀、引岳济淀，调度王快、西大洋、安格庄水库放水，配合南水北调退水补淀，共向白洋淀生态补水 47 次，补水水量 312 173 万立方米，入淀水量 149 863 万立方米。

拒马河

据《大清一统志》记载："巨马河在定兴县西一里，自涞水县流入，至县南河阳渡与易水合，自下通名白沟河。以宋辽分界于此，又名界河，俗又名北河。"

拒马河在历史上有多个名字，单就"拒马河"这个名字来讲，应该是这条河流最大的贡献之一，更是它最亮丽的一面，因为一个名将依靠着一条河流，抵挡了强大的侵略者，守护了一方百姓的平安。

概述

拒马河是大清河水系北支的主要河流，发源于保定市涞源县的涞源泉，至保定市涞水县铁锁崖，出山后分为南北两支，北支为北拒马河，南支为南拒马河。北拒马河流经北京市房山区入涿州市境，并先后有胡良河、琉璃河、小清河汇入。北拒马河与小清河汇流后称为白沟河。南拒马河流经涞水、定兴，在京广铁路西有北易水、中易水汇入，过京广铁路后自西向东流经容城、高碑店，在白沟镇与自北向南的白沟河相汇。

山水相依拒马河

拒马河古称“巨马河”，本名涞水。《水经注》中载：“巨马出代郡广昌县（今涞源县）涞山，即涞水也。”《一统志》中载：晋朝战将刘琨曾在河畔守卫，抗拒后赵主石勒的兵马，故名拒马河。拒马河在涞水境内有三大支流：大西沟，全长46公里；蓬头河，全长13.5公里；小西河，全长22公里，拒马河流域面积1300平方公里，占涞水县总面积的80%。

拒马河为常年河流，山区段河底多卵石，河宽100～200米，平均纵坡1/200，平原段河底多为泥沙，河宽200米左右，平均纵坡1/400。1980年以前，拒马河常年水面宽百米，流量约为10立方米每秒，汛期流量可达3200立方米每秒。

流域环境

拒马河经都衙水文站流入北京市房山区，经十渡、九渡、八渡、七渡、六渡、四渡至千河口村出北京界，复入保定市涞水县，在涞水县县城北部石亭乡满金峪村铁锁崖出山后分为南拒马河、北拒马河两支。

北拒马河。《水经注》中称之为督亢沟。以京广铁路桥永乐铁桥为界，分为东、西两段。西段自铁锁崖以下至小河子坝（涿州、房山区分界处）。北拒马河西段分为两支，北支（主支）流经蓝家营、观仙营、普利庄、泗各庄、演武庄等村村南，至涿州市城区西北的北坛村，与东来的另外三支流汇合，形成“千河套”。汇合后，向东北流，穿永济石桥到达永乐铁桥。北拒马河西段的南支，由房山区镇江营分出后自西疃、横岐向南流，至孙家庄东折，经前后铺、常村、韩村北至松林店、房树村西北折，流过城区西侧，至北坛村与北支汇合。北拒马河东段，河流至向阳乡张村西南，有胡良河汇入。东流至小柳村村北，有琉璃河汇入。再东流，至佟村、任村之间的二龙坑附

拒马河风光

近，有小清河汇入，此处即北拒马河终点。

南拒马河全长 69 公里。从北京市房山区张坊镇铁锁崖分流后向南，经涞水县县城东自吴村进入定兴县，流经南侯、西城、县城、小店、大沟村西，再流经田侯、大田、东相盖、东册上村东，于北河铁路大桥（河阳渡）与易水汇合，区间汇流面积 177 平方公里（不包括中易水及北易水的流域面积）。自京广铁路以东，统称南拒马河。清乾隆朝的《定兴县志》载："白沟河，河阳渡下流也。"宋与辽分界处，河势趋南，经容城、霸州达直沽入海。南拒马河流经北连、张里村、老李村、北谢村、西赵、东赵、杨村、西各庄村北，又流经西靳、西章、内章、西晓村、东韩村、榆林、南召、大佟村、南南蔡村南，在谭城村东出县境。南拒马河境内全长 41.9 公里，弯曲系数 1.35。

其中京广铁路以西河长13.8公里，属自然河道，两岸无堤防。京广铁路以东河段，新中国成立前局部有小堤埝，作用甚微，河道安全泄量仅500立方米每秒。新中国成立后经多次治理，现左堤长24.8公里，右堤长15.1公里，河宽100～500米，两堤间距700～2000米，堤防防洪能力3500立方米每秒，防洪标准达到20年一遇。主要排沥河道是兰沟河。新中国成立后新挖河道，排涝标准为10年一遇，包括涿州、高碑店两市部分面积在内，总汇水面积697平方公里。据史料记载，南拒马河史上有1801年、1917年、1939年3次特大洪水，新中国成立后则以1963年的洪水为最大，达4770立方米每秒。南拒马河险工现有15处，其中左堤险工6处，分别为定兴县西晓村、南召、五马口、谭城，高碑店市何张村、倒虹吸入口，右堤险工9处，分别为定兴县北连、杨村，容城县丁香口、北后台、西堑、陈阳庄、李庄、倒虹吸出口、王家营。南距马河在1991年至2001年间，由于上游有来水，加之又有降水补充，涓涓细流，水流不断。2001年以后，由于上游来水断绝，加之干旱少雨，河道断流，基本处于干涸状态。

近年来，由于保定市政府加大了生态环境的治理力度，加之南拒马河上游两岸种植方式的改变，昔时巨马奔湍的大河渐渐恢复了生机。

历史人文

（一）诗赋传颂

清康熙朝的《定兴县志》中定兴人许启祥作《吊古》写道：“每到河边感慨多，遗风谩说旧悲歌。曹彬枉却说名将，不及刘琨拒马河。”

元代刘因曾作《又渡白沟》：“蓟门霜落水天愁，匹马冲寒渡白沟。燕赵山河分上镇，辽金风物异中州。黄云古戍孤城晚，落日西风一雁秋。四海知名半凋落，天涯孤剑独谁投？”

（二）历史名桥

拒马河上有一座历史悠久的石桥——永济桥，这座桥是中国桥梁建筑史上的一个奇迹，被誉为“中国第一长石拱桥”。永济桥始建于明万历二年（1574年），当时名曰“巨马河桥”，万历十六年（1588年）重修，天启六年（1626年），桥毁又重建。明崇祯后，河道南移，遂于清乾隆二十五年（1760年）在旧桥南建新桥，改名“永济桥”。桥端筑引桥，下有涵洞22个，引桥总长660米，因桥拱跨度大，故砌筑时采用了中国传统的起拱技法，桥体造型优美，现为全国重点文物保护单位。

（三）故事传说

拒马河本名叫作“涞水”，为什么后来改称“拒马”了呢？这还要从五胡十六国交战的年代说起。

东晋时，胡人石勒带领大队人马侵犯中原，一路烧杀掠抢，所到之处，尸骨如山，哭声遍野。晋将刘琨奉命据守在河北，与石勒的兵马隔河对垒。

涞水北面有个板城，就是现在的板城村东北面的那座土城。据说此城始建于汉，是为抗拒匈奴才建造的。

夏季的一天，石勒的先锋官率兵来到张坊，只见迎面一条大河拦住去路。先锋官命令士兵先探探水的深浅，然后过河。谁料，探水的士兵来到河里，没走几步，就摔入水中，之后都被对面据守板城的刘琨将士用箭连人带马射死在河里。就这样，探水的士兵下去几个死几个。后来战马来在河边，瞅着河水，哪匹也不敢下河。于是，士兵就用马鞭抽打，战马则四蹄乱蹬，大声嘶叫，怎样也不肯下河。这时，石勒带领大队人马赶来了，石勒询问：“人马为何停止不前？”先锋官赶忙回报：“元帅，战马都不敢过河。”“打马过去！”石勒一声令下，只听马鞭劈劈啪啪乱抽，战马长嘶急鸣，仍旧是不肯过河。原来，刘琨事先在河里设了铁链铁索，只要人马一下河，准被绊倒。此时，据守在板城的刘琨出城迎战。城墙上士兵开始擂鼓，并大声喊叫，一只只雕翎箭飞蝗般地射过河去，石勒一方的士兵和战马被射死的不计其数。霎时间，河水咆哮，战鼓咚咚，加之刘琨的人马高声呐喊，使得石勒的兵马胆战心惊。先锋官对石勒说：“我这匹战马多年来随我驰骋疆场，过了无数山川江河，从没这样胆怯过，难道有什么蹊跷不成？”石勒问军师：“难道此次发兵中原不合天意，故拦挡于我？”军师说：“是啊！顺天意者生，逆天意者亡，既然上天拦阻，还是暂且退兵为好。”于是石勒传下军令：“兵退八十里，安营扎寨。”

河水阻挡了石勒的兵马，使这一带的百姓免遭一场战争的祸害。从此，当地百姓便把这条河改名叫拒马河了。

水利工程

（一）新盖房枢纽

1973 年，新盖房枢纽上游最大流量 770 立方米每秒，闸前最高水位 13.8 米（大沽高程，下同），灌溉闸下泄 110

定兴南拒马河

宋各庄水库

立方米每秒，白沟引河闸下泄 660 立方米每秒，分洪闸、溢流堰未泄流。

1977 年，新盖房枢纽上游最大流量 835 立方米每秒，闸前最高水位 13.91 米，灌溉闸下泄 102 立方米每秒，白沟引河闸下泄 698 立方米每秒，溢流堰溢流 35 立方米每秒。

1979 年，新盖房枢纽上游最大流量 1236 立方米每秒，闸前最高水位 14.2 米，灌溉闸下泄 145 立方米每秒，白沟引河闸下泄 735 立方米每秒，分洪闸、溢流堰溢流 356 立方米每秒。

1988 年，新盖房枢纽上游最大流量 535 立方米每秒，灌溉闸下泄 45 立方米每秒，溢流堰溢流 5 立方米每秒。

1996 年，新盖房枢纽上游最大流量 1576 立方米每秒，闸前最高水位 14.94 米，灌溉闸下泄 130 立方米每秒，后因下游闫家铺段左堤决口，随后将该闸关闭，白沟引河闸下泄 476 立方米每秒，分洪闸、溢流堰下泄 1100 立方米每秒。

（二）宋各庄水库

工程概况。宋各庄水库位于保定市涞水县宋各庄村村西拒马河支流龙安沟上，是一座以防洪为主，结合灌溉的中型水利枢纽工程，水库控制流域面积 92 平方公里，总库容 2270 万立方米。宋各庄水库 1975 年 10 月正式动工修建，1986 年底竣工，历时 11 年，经过多次组织施工基本达到了“1986 年补充设计”确定的工程规模。1990 年 10 月，由河北省水利厅组织宋各庄水库验收委员会，对水库进行验收，并交付使用。宋各庄水库自投入使用以来，在防洪、灌溉等方面发挥了显著作用。2009 年至 2010 年实施了除险加固工程。水库主要建筑物包括拦河坝、溢洪道、输水洞。拦河坝总长 423 米，溢洪道为岸边开敞式宽顶堰，输水洞为有压隧洞，全长 308 米。

气候条件。宋各庄水库流域夏季炎热多雨，冬季干冷少雪，常年平均气温在 13.7 摄氏度左右，历史最高气温 41.8 摄氏度，发生在 7 月份，12 月至次年 1 月气温最低，曾达 −15.5 摄氏度。各月平均风速均在 2 级以下，最大风速 10.0 ～ 20.0 米每秒。年均降水量约 696.7 毫米，降水年内分配很不均匀，86% 的降水量集中于 6 月至 9 月，而汛期降雨尤以 8 月份最大，占全年降雨量的 30% 以上。

水文地质条件。宋各庄水库工程位于太行山麓东侧，属构造侵蚀中山地貌，河流两侧冲沟发育，大部分山地边坡陡峭。宋各庄水库水源主要为表水和降水补给。

自然资源。宋各庄水库附近的山体植被类型多为灌草，多以山皂荚、荆条等灌木林为主。野生动物主要有草鱼、鲤鱼、獾、野兔、松鼠、山雀、山鸡等。

府河

一个城市，有条河流，这个城市的居民就是幸福的、滋润的，河流会滋养一个城市的风景、人文。河流是灵动的，而北方大多数城市恰恰缺少水的滋润，但保定这个北方城市却与众不同，它的自然条件非常优越，加之地理上的优势，使其早在清朝时就是直隶的治所，被称作京畿，至今仍留存旧址多处，更重要的是保定城从来都不缺少河流。保定境内的白洋淀甚至被称为“华北之肺”，保定周围流淌着众多的河流，其中尤其值得一说的便是府河，它是保定周围众多河流的归宿，它的一部分还是保定的护城河，所以府河于保定而言，意义非同寻常。

概述

府河原名一亩泉河，在《水经注》中称为沈水，又名清苑河。明洪武元年（1368 年），改保定路为保定府，因河水在府城南门外，故名府河。府河发源于一亩泉，逶迤东南流，在今保定市二中分校处南分流向北形成护城河，其主流在今保定市动物园西侧汇入白草沟，下游称为府河。向东南流至刘守庙

府河景观

纳入护城河，穿焦庄船闸后进入今清苑区，至仙人桥村东有黄花沟自西北来汇，东经莲花闸（今无存）向东流。1960 年以前，府河在莲花闸下与唐河、清水河相汇又东流，经东安、南刘口村南、臧家湾进入安新县，流归白洋淀。1960 年，府河从莲花闸下 800 米处改道向东北流，经小望亭、米阳村南，在北刘口、南刘口两村中间穿过，又向东北流与漕河相汇，在东木扒庄东北进入安新县，最终于建昌村北流入白洋淀。1964 年，府河在莲花闸下纳入环堤河。1966 年，清水河改入唐河新道，金线河循清水河旧道入府河。那时府河的流域面积为 643.2 平方公里，全长 30.83 公里。府河属复式河槽，焦庄船闸以上，深槽底宽 8 米，岸距 35 ～ 50 米，船闸以下底宽 12 米，无坡，河底高程 4.1 米，堤距 66 ～ 104 米。1982 年校核安全泄量：莲花闸以上为 250 立方米每秒，以下为 150 立方米每秒，河底淤高 1 ～ 2 米。20 世纪 60 年代以前，府河清水长流，虾游鱼跃，投网可得。航船东可达天津，上溯可通白草河。码头上商贾云集，货栈、客店鳞次栉比。1954 年至 1958 年，观测府河年均径流量 1.69 亿立方米，最大流量 240 立方米每秒。1958 年后，府河流域工业迅速发展，废水排量激增。1965 年至 1988 年，出现多年干旱，连年超采地下水，使得泉水断流，河内污水黑臭，鱼虾绝迹，商船不行。近年来，随着保定市城区河道整治及大水系建设，2013 年，王快水库与西大洋水库连通，引水

清水绕城

入市区经府河流入白洋淀，保定城区再现清水绕城景色。

流域环境

府河支流有一亩泉河、侯河、白草沟、护城河、徐河、黄花沟、环堤河、新金线河等。

（一）一亩泉河

民国《中国地名辞典》对一亩泉曾有这样的记载："源出河北保定满城县贤台社。泉自地中涌出，方广一亩，故名。东合鸡距泉迳城濠南，东入寇水。"

一亩泉河下接鸡距河，流经北奇、南奇、张海庄、蛮子营、大车辛庄、崔闸、郝庄等村和新市场街、先锋街、东风路等三个街道办事处，于今保定市动物园西侧与侯河、白草沟交汇成保定府河。一亩泉河汇众泉之水，水如泉涌，喷流如柱，形如鸡距，水质甘甜，更是保定市区的水源区。据历史记载，到夏秋之交，菱荷如绣，水禽上下，游人共乐，此景便是保定八景中的"鸡水环清"。

（二）白草沟

白草沟，又名小清河。因河道百草丛生，称"百草沟"，又因"百"谐音"白"，故名"白草沟"。该河自满城县方顺桥村西南龙泉河左岸起向东北流，过陉阳驿桥，至阎童村东入今清苑区，经大汲店村东北进入市郊，于小汲店村东北穿环堤河、防洪堤闸，至五里铺村东，侯河自西汇人，又向东北流与一亩泉河相汇，流入府河。白草沟流域面积 94 平方公里，河流全长 23.97 公里，河底宽约 6 米，河深约 6 米，岸距 20 ～ 35 米，最大流量 210 立方米每秒。该河曾是保定通满城、清苑西南部和顺平、望都的水运要道，沿河设水陆码头、驿站和店铺，舢舻相继，客货云集。清光绪二十七年（1901 年），保定至定州始通火车，水运渐衰。

（三）侯河

侯河发源于满城县李铁庄村西北洼地，因水随季节而出没，故名。侯河向东流经张辛庄南、刘家庄北进入市郊，穿环堤河、防洪堤闸，又东经吕七里店、邵七里店至五里铺村东汇入白草沟。侯河流城面积 81.55 平方公里，河流全长 13.35 公里。防洪堤以东多为复式河槽。该河原来水量较丰，宋代时，邵七里店、苑七里店是水陆码头，客货集散地。后河道多淤常浚。1958 年后，侯河流域工业和生活污水日增，其中河藕含铅量远超出食品卫生标准。近年来，随着保定市城区河道整治及大水系建设，侯河已引入清水。

白草沟

（四）护城河

北宋淳化三年（992年），李继宣知保州，废马庄西故城，移建于此，筑城浚濠，濠即护城河。金元明时期，护城河几经废浚。清代时，府河在灵雨寺前吴家湾桥分为两条支流。南支流（主流）出积水闸流向东南；北支流出小石闸至护城河。北支流至城西北隅折而东，至四里营沟、徐河沟处与南支流汇合，又向东流折而向南，至城东南角折向西流入府河。护城河既可护卫城府，也可承泄沥水，并有鱼藕菱芡之利，历代官府都大加修浚利用。今护城河自保定市二中分校前向北流经东风桥向东，过前卫路向东南穿东风公园（1952年改道于此），至刘守庙西流入府河。护城河全长6.3公里，底宽8米，最大泄量20立方米每秒。

（五）徐河

金人称徐河为馈粮河。清光绪年间的《保定府志》载：徐河源易州（今易县）城西南五回岭，东南流经郎山（狼牙山）南，又东南经石门山，飞流直下，声振崖谷，金泰和中赐名雷溪河，南流至满城县神星村东，向东南流经大册村，为大册河，又东经要庄为要庄河。《直隶通志》载：要庄村以下，东经南宋村、大留村、三贤台村东南出支流，经大次韩、杨村、南北庞村至鲁（路）家寺入徐河沟，以南抵保定城壕。清光绪年间的《畿辅通志》载：徐河系漕河分支，在安肃县（今徐水区）南漕河铺西分支南流，经徐河桥（今属满城区）西至府城北门西入护城河。今徐河仅存尾段，由冯庄村北开始，经保定财贸学校西向南流，在市北关与四里营沟相汇，南穿鸭蛋桥入护城河。徐河全长3.5公里，为调节护城河水位曾进行过疏浚，流经段建筑物均改为混凝土盖soft暗沟。

（六）黄花沟

《水经注》中载：黄花沟乃徐河下游故道。由满城县黄村东南流，经花庄，故名黄花沟。东南流经八里庄、冯庄入清苑。民国二十六年（1937年），曾在满城县高屯村黄花沟故道挖出装满古瓷器的沉船，进一步证实了黄花沟河曾是保定至满城县北部、徐水县西部和易县东南部的重要水运河道。1957年，整治后的黄花沟从市北郊冯庄西北起，向东南流经小堤、米家堤、中阳等村，过下闸入府河。1964年，调整后的黄花沟从一亩泉村南开始向东流，经北奇村北，向东至大马坊水库南测，有环堤河口，又向东流，在任庄村东穿京广铁路72号桥向东南流，经后辛庄、小堤村，入清苑境内，再向东南流过西孙村，在仙人桥村东汇入府河。黄花沟全长26.07公里，流域面积94.75平方公里，底宽3～18米。右堤顶宽2～8米，长26.07公里，其中从环堤河入口至入府河口，堤长18.1公里，兼作环市防洪堤；京广铁路以西无左堤。该河最大流量80立方米每秒，主要排泄北部洪沥水，保护市区。

（七）环堤河

1964年，结合筑防洪堤挖土而成环堤河，以排泄堤外洪水。环堤河从鲁岗辛庄北黄花沟起，向西南过保满铁路，在马厂村西北折向南，穿一亩泉河、侯河、白草沟，于束鹿园村东南穿京广铁路向东流，经西小庄、王庄北，至平陵村东与新金线河相汇，于莲花闸汇入府河。环堤河全长29.4公里，流域面积244.1平方公里。排泄量60～277立方米每秒。京广铁路以西河底宽17～26.5米，以东河底宽14～24米，防洪堤高2～3米，顶宽8米，长47.5公里，其中利用黄花沟右堤18.1公里。

（八）新金线河

新金线河是金线河改建的河道。金线河源起满城县方顺桥村西南的方顺河，向东流经方顺桥，又向东南流经河图村，进入清苑境内，再向东流经罗侯、魏村、壁阳城、大冉等村，至东石桥，又向东北流入府河。河道几经迁徙，至1964年，在方顺桥村西南向东流穿京广铁路，经许村、大河旺村北，在河图村东入清苑境内，又向东流经郝庄、大魏村、白团村，在北石桥村南穿保沧公路，向东北流汇入清水河。金线河全长43公里，最大泄量20立方米每秒。1964年开挖龙泉河，京广铁路以西的洪沥水均改入龙泉河，自此金线河失源。新金线河是1965年开挖的河道，始于清苑县西洪义村，东经北魏村、北大冉村，穿保衡、保沧两条公路，于北石桥村东南流入清水河。1966年，清水河改入唐河新道，新金线河仍循旧道，于莲花闸下汇入府河。1975年，修建排污总干渠，新金线河被截而改道，与环堤河合流入府河。新金线河全长28公里，流域面积156.2平方公里。河槽底宽2～12米，保衡公路以东筑两堤，堤距20～80米，安全泄量23立方米每秒。

历史人文

听老人讲，有一个天水桥的传说发生在明代。明代时有一个保定知府，他母亲特别耿直、正派，教子有方。知府在保定做了三年官，准备任满回家。知府把母亲接来，陪着她大街上转转，大慈阁里看看，古城墙上站站，母亲高兴得像喝了蜜水儿，一路上笑逐颜开。走到半路，母亲对知府说："儿啊，你做了三年官准备回家，可咱们家的日子过得还是跟你小时候一样清贫，你受得了么？"知府听了母亲的话，笑笑说："老娘，您放心，儿我做了三年清知府，剩了十万雪花银。"他的母亲听后只当是儿子开玩笑，便也没当回事。回到家里，知府搬过来一个大箱子，当知府把箱子打开后，可把他的母亲给吓傻了，看着一箱白花花的银子，老人扑通一声晕倒在地上。知府喊了半天，总算是把母亲喊醒过来，此时，母亲指着知府的脑门儿骂道："好，好小子，你是清知府，能剩十万雪花银。我问问你，这十万雪花银是从哪儿来的？你要是做个贪官，岂不是能剩更多的银子！你不给娘说清楚，我就撞死在你面前！"知府知道他母亲的脾气，向来是说到做到，马上吓得跪在地上，对母亲说："母亲，孩儿错了，这样吧，这钱咱们不要了，就在南关清水河上修座大桥吧，让众人行走方便。"知府的母亲听后坐了起来，说了声："这才是我儿说的话。"

大桥修好后，修得又结实，又好看，十万雪花银也花得差不多了。知府又请母亲出来观桥。知府说道："娘，您看这桥根基打得多么结实，石栏杆雕龙画凤，多么好看。"知府的母亲看了半天，才说："这桥好可是好，可有点毛病。"知府说："娘，有哪点毛病，您快说！"母亲说："儿啊，这桥缺四个铁环子！"知府说："娘，要铁环子干啥？"母亲接着说道："儿啊，你的贪心劲儿要是上来了，可以用铁环子把这座桥抬到咱们家里，然后对后人说这是你做清官挣的。"母亲的这句话把知府说了个大红脸，知府连忙跪在地上说："孩儿再也不敢了！"故事中知府修得这座桥便是如今保定府有名的"天水桥"。

天水桥

天水桥石狮子

一亩泉河

一亩泉位于保定城西，地处山前平原。民间传说一亩泉水是当年宋代名将杨延昭任保州防御使时，因作战急于用水，他急中生智用枪扎出来的。还有另一个民间传说是杨延昭与恶龙争斗产生的。虽然民间传说不足为信，但本质上表达的都是人们对于历史上守护边疆、与强敌对抗的爱国将士的感恩之情，尤其表达了对杨延昭保家卫国、造福百姓的肯定。

一亩泉河、方顺河在保定古城汇流，当年，这里的水上交通相当发达。方便的水陆交通带来了商业贸易的繁荣。明代保定知府查志隆在《修保定西北二桥记》中有“闹市商贾肩相摩，车辙马蹄日夜不绝”的记载。清代直隶总督李鸿章在《奏修治府河摺》中写道：“府河来源，常年畅旺，天津及南、北运河，米、盐、百货樯集省城。”

千百年来，一亩泉水源一直是保定古城建设和发展的命脉。这里的喷泉溪流、水上古亭及池畔碑文，直到新中国成立初期仍历历在目。历史赋予了保定古城“燕地天府”“燕南都会”“京畿重镇”“京师门户”等美誉，这与一亩泉水

源都是密不可分的。

国家文化部原部长刘忠德为一亩泉题词

概述

一亩泉河因源自西北郊一亩泉而得名，《水经注》中称为沈水。一亩泉位于一亩泉村，阔约1亩，水自地下涌出，向东南流过保满路月亮桥，后继续向东南流，清光绪年间的《畿辅通志》载：一亩泉河经南奇村北、谢庄、马厂、中廉良至四里营汇黄花沟，经城北至东郊汇白草沟入安新县白洋淀。后为加强保定水运，将一亩泉河改流经南奇村西向南流（改道年代无考），称奇村河，向东南流至满城县贾庄村西，源于鸡距、联宝等泉的五花河自西汇入，后蜿蜒向东南流，在大车辛庄东北穿环堤河、防洪堤闸，又向东南流，至保定

全国人大常委会原副委员长费孝通为一亩泉题词

市动物园西侧汇入白草沟，之后称府河。一亩泉河道曲折迂回，保定当地有“一亩泉老河头，曲曲弯弯东南流”的民谣流传。

流域环境

据保定市档案局资料载：一亩泉水清、透明、味甜、性软，冬季热气上升，入水不寒，水滨杂草四季长青，一亩泉周围 35 平方公里内，溪泉脉流连绵，密布如网。如试用一杆插入地内，拔出杆后泉水随即从洞口流出，一亩泉附近的较大泉水有鸡距泉、黑风泉、五花泉等 27 处，泉水蕴藏量非常丰富。附近农民多种稻植藕，滨边杨柳茂盛，每当春夏季节，荷红柳绿，水稻清香，溪水潺潺，风景颇为优美，引人向往。

令人喟然长叹的是，到 20 世纪 60 年代，一亩泉河的美景开始一点点凋残。昔日鱼跃清流、水鸟飞鸣的画境渐渐消逝。20 世纪 50 年代末至 20 世纪 60 年代初，古城工业的发展带来了保定的兴盛，却逼退了一亩泉河的美丽。为了利用得天独厚的水资源，保定市在一亩泉河附近设置了 8 家包括纺织、印染、化工、造纸、机械等行业在内的大型工业企业，加上人口的增加、农业的发展、气候的干旱，使一亩泉的水位急剧下降。20 世纪 60 年代末至 20 世纪 70 年代初，保定市西部的泉眼干涸，一亩泉河水源锐减，随着华北地区最大的淡水湖白洋淀出现干淀现象，府河的通航能力迅速下降并很快断航。1965 年，一亩泉 700 多年来首次出现断流、干涸。

为保护一亩泉水源区地下水水质，2009 年，保定市政府实施了两库连通和大水系工程，开始向一亩泉补水。到 2012 年，监测的地下水水位数据显示，一亩泉地下水水位埋深由 2005 年的

44.02 米上升到 32.53 米。2014 年 2 月 20 日，《保定市一亩泉水源保护区污染防治管理规定》正式实施。2015 年南水北调中线通水后，保定市全面禁采地下水，按照"优先使用长江水"的原则，置换出部分水库水源安情况补给一亩泉。

现在，一亩泉河昔日清水潺潺的盛景已经重现，在丰水年头，还可通过配套建设的补水渠和地表入渗场，为一亩泉水源地补充地下水。昔日一亩泉水源地百泉喷涌的美景，有望重新

一亩泉河

变为现实。

历史人文

（一）久负盛名

一亩泉位于市区西北郊的一亩泉村，泉水自地下涌出，阔约 1 亩，故名，曾名尚泉、西塘泊。据《满城县志略》记载：一亩泉村，古称藻西庄，昔日建道观、书斋、楼阁、凉亭、曲径、回廊，靠泉池正北是宏伟的龙母宫，宫前是沛然亭，池南侧是清康熙年建的宸翰亭。

“傍池浚濠，濠环四周。遍濠栽荷，依堤植柳。筑石为池，架板为桥。前通于池，后流于宫。绕宫细流，涓涓不绝。”别具一派江南风貌。宋代大儒程颐、程颢，著名书法家赵孟頫，元代学者刘因等，都曾在这里逸居。清康熙、乾隆二帝也曾多次来游。至今，一亩泉村还保留着当年赵孟頫的诗碑，碑文是“星斗流明禁漏残，紫泥封后独凭阑。露和玉屑金盘口，月射珠光贝阙寒。天衬楼台笼苑外，风吹歌管下云端”。清光绪年间的《畿辅通志·河渠略》载：一亩泉上游为渝水（界河的一段），至满城县于河村而洑，洑而复出，播为诸泉，涌汇成河，乃名沈水（即一亩泉河）。当地村民引水种稻数千亩。清光绪年间的《保定府志》记述：此地旧为郡绅陈太守别墅，高楼广厦，曲径回廊，玫瑰芙渠，香闻十里，飞鸟游鱼，各自鸣跃，有“小江南”之称。

解放战争时期，晋察冀野战军第四纵队司令员陈正湘、政委胡耀邦，曾在一亩泉设指挥部，亲自指挥一亩泉战役。为纪念壮烈牺牲的将士，后人在一亩泉旁立大理石纪念碑一座，胡耀邦同志亲笔题写“一亩泉烈士纪念碑”碑名。

一亩泉龙母宫

（二）诗赋传颂

滔滔鸡水自西北向东南，环绕保定古城，构成上谷八景之一的“鸡水环清”。秦始皇分封全国三十六郡时，保定地属上谷郡，古代文人讴歌上谷八景的诗、词、文作很多，唯“鸡水环清”既有自然景观的特点，又有人文景观的风貌，一亩泉因而受到历代文人青睐。元代名人刘因曾赋《一亩泉》：“此日西塘路，乘闲作胜游。深深柳成巷，脉脉稻分沟。白石常函雨，黄花不受秋。移居新有意，试作野人谋。”刘因还曾作《西塘观稻》：“藻西庄喜晚来过，有岸无沙鸡水河。柳绕几湾白鹭下，稻连千顷绿云多。花香散落农家艇，芒刺横牵渔夫蓑。”

明代王溥作的《一亩泉》：“千古连泉与惠泉，一茶风味

一亩泉烈士纪念碑

世争传。何如一亩涵天泽，灌足花封万顷田。”则更是绘声绘色。

清代尚书郭棻曾在月下登保定古城眺望“鸡水环清”有感赋诗：“城下珠泉泉外城，激湍凝沫若相倾。穿田鹅栅金沙细，近水人家石磴精。苇墅牵麻波上过，渔船载网月中行。两三闸向城隅转，遥见东皋种马绥。”

清康熙朝清苑知县时来敏有《鸡水环清》：“鸡距泉流绕郡城，潆洄合抱又东倾。涌珠泣学鲛人泪，澈鉴魂消牛渚精。鹭影翩跹云里泛，橹声欸乃镜中行。渔歌互答多幽兴，且对沧浪濯我缨。”

清代进士张燧作《藻西庄访友》：“薄海雨露均，比年庆大有。香杭徧藻西，纵横万千亩。或或灿云霞，芃芃绝粮莠。柳校时啼禽，荷叶露珠走。青菰长短浮，紫燕差池偶，野老兴能多，乘闲访故友。食我脱粟饭，饮我梨花酒。酩酊扶月归，乐哉羲皇叟。”这是一首对当年保定一亩泉一带丰收大有年的绝好称赞诗。

传说故事

（一）杨六郎勇斗恶龙

一亩泉原是满城县西部的界河，四季清水长流，直通东海。后来，从东海来了一条蛟龙，一见这里风光优美，就住了下来，每天还向沿河人家讨个小孩儿吃，使得当地百姓人心惶惶。每逢日落天黑，这一带家家户户门窗紧闭，孩子们哭都不敢出声。不少青年立志除掉这条恶龙，但与它一斗之后，都被恶龙吃掉了。有一年，山洪暴发，恶龙想借水势冲掉河岸的村庄，之后在这里兴建龙宫。只见风助水势，水借风威，平川地成了一片汪洋。这时，杨延昭正好巡察边关经过这里，他看见这一惨景，便奋身入水大战蛟龙。双方激战了二十回合，不分胜负。历经半生戎马生涯的杨延昭深知力敌不如智取，就施了个假败脱身计，恶龙狠命追来，杨延昭转手杀了个回马枪，恶龙躲闪不及，被回马枪刺中，顿时倒地而死，沿河的百姓都跑来感谢杨延昭。谁料隔了一夜，蛟龙竟然复活了，这次它每天要吃两个小孩儿，如果不给，就洪水漫村。杨延昭不顾安危，再次入水斗龙。恶龙吼道："咱一无冤，二无仇，你杨延昭欺我太甚！"杨延昭怒目喝道："畜生住口，你糟蹋百姓，天理不容，还不跪下就擒！"话音未落，蛟龙兴风作浪，杨延昭被巨浪卷入河底，待他浮出水面，蛟龙张着血口扑来。杨延昭见它来势凶猛，将身子轻轻一闪，蛟龙扑了空，翻身又返回来再扑。杨延昭挺枪便刺，恶龙又死在枪下。这回，杨延昭不顾劳累，伏在堤岸上观察恶龙有什么变化。半夜，只见蛟龙在水中动了起来，慢慢地又活了。等到清早，蛟龙更加猖狂，它要沿河村庄每天供给它三个小孩儿食用，沿河的百姓更加恐惧。杨延昭决心为民除害，他戴好金盔，穿上银甲，腰挎宝剑，手持钢枪，又跳进水中三战蛟龙。恶龙口吐黑水，腾起恶浪，闪电般扑来。幸亏杨延昭机灵，他翻身出水，挺枪便刺。恶龙张开大嘴把杨延昭吞入腹内，怎料杨延昭有金盔、银甲护身，恶龙咬又咬不动，吐又吐不出。杨延昭在恶龙腹内用枪乱捅，疼得恶龙一窜，窜到岭西和支锅石村之间。杨延昭没等恶龙缓过劲儿来，就用尽平生之力，一枪把它的身躯穿透，并且定在了河心。接着，杨延昭挥剑把龙头、龙身和四肢割下，扔到陆地上，又用枪冲着铜帮铁底的界河底戳去，边戳边喝道："潜流 50 里，孽龙永绝迹！"从此，河水便顺着枪扎的方向流走了，至今岭西村以上的河水仍哗哗地奔流着，岭西至界河尾则全是干河套。再看岭西周围的山峰，圆形的像龙头，长条形的像龙身，其余山形有的像龙的胯骨，有的像龙的大腿。龙害从此根除了，而界河的水从地底下流了50里后，又重新从一个泉眼涌出，这个泉就是一亩泉。一亩泉水养育了保定人，保定人又把一亩泉水的来历和一位英雄的传说连接在了一起。

（二）乾隆盛赞“小江南”

保定府的一亩泉被誉为“小江南”，这是出自清乾隆皇帝之口。有一年，乾隆皇帝下江南，从京城一路向南而来。当快到保定时，他对随同而往的刘墉说：“这次路过保定想多住几

今日一亩泉村

日，你看住在什么地方好呢？”刘墉深知皇上喜爱秀丽风景，略思索后说：“保定的一亩泉乃是有名的风光宝地，且先皇在这里曾为康熙帝建有宸翰亭，皇上如果住在这里，比住在直隶总督府更合适。”乾隆听后，说道：“保定的一亩泉朕听说过，还未曾看过，就按刘卿的意思，住在宸翰亭旁的龙母宫。”乾隆不但治国有方，而且非常喜欢游览名山大川。虽说游玩过很多南国园林，却还未领略过像一亩泉这样的北国风光。当乾隆踏入一亩泉园后，他便顿生一种身入江南之感。星罗棋布、汩汩而流的泉水，遍塘荷花，满园草木，远山近景，目不暇接。乾隆帝一边看一边不住地说：“好景致，好风景，真乃小江南也，北国江南也！”陪同左右的直隶总督方观承说：“皇上，一亩泉的风景不但秀丽，这泉水还能提神健体。”乾隆惊奇地问：“一亩泉水还有如此神功？待朕试来！”随后，乾隆喝了一杯一亩泉水，顿觉甘甜适口，连称确是奇水。乾隆颇有感触地对方观承说：“臣甘国顺，心甘民顺，水甘地顺。你在直隶为官一任，要造福于民，使百姓都能受到一亩泉的利惠。”后来，根据皇上的旨意，方观承在任期间，竭尽全力，兴修水利，为保定百姓做了很多好事。

游览完一亩泉园的风景，乾隆就在宸翰亭休息。方观承看皇上兴致正浓，便请求道：“请皇上赐留墨宝。”乾隆想了想说：“待朕好好想想再写。”第二天，乾隆离开一亩泉，又来到莲花池游览，他边走、边看、边想，突然说道：“笔墨侍候！”只见乾隆写道：“临漪古名迹，清苑称佳构。源分一亩泉，石闸飞琼漱。行宫虽数宇，水木清华富。曲折步朱栏，波心宛相就。”

白沟河

发源于太行山的白沟河，从山西发起，一直连绵到河北保定，最后汇入华北明珠白洋淀之中。白沟河曾是北宋与辽国的界河，当年在此发生了无数场激烈的战斗，一条有着如此悠久历史的河流，目前却因常年持续断流，已经失去了往日的荣光，不仅已无法再为两岸的百姓供水，而且如果再没有办法彻底解决断流的问题，那么白沟河昔日的生态景象就只能留存于老一辈的记忆中了，这是一件多么令人震惊与遗憾的事情。

概述

白沟河是大清河北支的一条主要行洪河道，承泄北拒马河、琉璃河、小清河和永定河分洪洪水。白沟河自涿州二龙坑起流经涿州、固安、高碑店三县市，下游与南拒马河相汇流入大清河。河流全长 53 公里，两岸筑有堤防。左堤为主堤，二级堤防，起于二龙坑止于新盖房枢纽溢流堰，长 57.05 公里，其中保定市境内长 42.35 公里。右堤为次堤，三级堤防，长 52.02 公里，均在保定市境内。右堤设有小营横堤、朱庄、东务、田宜屯 4

白沟河之白驹过隙

处分洪口门。白沟河现过流能力 2000 立方米每秒。

流域环境

白沟河两堤在保定市境内共有险工 21 处，其中左堤 9 处，总长 7049 米，主要有二龙坑、西苇坨、东茨村、赵庄、辛桥、十九垡、高桥、小营、白沟等；右堤 12 处，总长 4538 米，主要有望海庄北、望海庄东、白马庄、朱庄（涿州）、龙湾、顿窦夏、西孟良营、东务、南五里屯、朱庄（高碑店）、田宜屯、丰元庄等。

历史人文

（一）白沟河之战

明建文二年（1400 年）四月，燕王军队与建文帝军队在白沟河一带展开激战。建文帝的大将军李景隆率军 60 万，号称百万之师进抵白沟河，谋攻燕王朱棣官邸所在地北平（今北京）。燕王闻讯，亲率马步军 10 余万人迎战。四月二十四日，

暮色下的白沟河

燕王军队自苏家桥（今保定东北）循河而进，遭到建文帝武将平安所率军队万余人伏击，平安及瞿能父子督师奋战，所向披靡。燕王军队死伤惨重，引军而退。次日，燕王朱棣复率军渡河求战，武将平安再次击败燕军将领房宽，燕军降将陈亨中伤而逃。此时，朱棣率精锐数千人冒矢突入阵中，杀伤建文帝军队甚众。是时，李景隆突然率军绕到燕军背后，实施前后夹击。燕王朱棣三易其马，矢尽挥剑作战，几被瞿能所获。傍晚，瞿能复率兵搏战，俞通渊、滕聚也领兵赴战，燕军惊惧。时适旋风骤起，吹折李景隆将旗，军中为之相视而动。朱棣遂乘机以精骑突出，绕到建文帝军队的后方乘风纵火，随即挥师猛攻，斩杀瞿能父子及俞通渊、滕聚等将领，平安则被朱能所败，建文帝军队溃散，死伤10余万人。燕王军队追至月样桥，再败建文帝军队，杀溺蹂躏死者数万人。李景隆率余众逃往济南。白沟河之战是一场决定性的战役。此后，建文帝便再也组织不起来大规模的军事征讨。燕王朱棣由此转守为攻，取得了战事上的主动权。

（二）白沟箱包市场历史渊源

三国时期，白沟市场便已经初步形成。

到了宋景德元年（1004年），宋、辽定下“澶渊之盟”，使白沟河不仅成为两国的界限，而且也成了通商口岸，以及进行交割的场所和传递信息、互通往来的关卡，白沟市场也随之发展起来。

到了元代，元世祖继位后，白沟成为水陆交通要道，河上的船只可以直接驶入大运河，“近贾齐鲁，远通闽粤，日过千帆，商贾云集”，一派繁荣景象。

明洪武十六年（1383年），永定河改道灌入白沟河东下入海，白沟河水量大增，从海上开来的大型船舶可直达白沟河。

永乐十九年（1421 年），明成祖朱棣迁都北京，白沟成为京城通往南方诸省的交通枢纽，得天独厚的地理位置和便利的交通使白沟逐渐发展成为北方的商品集散地。

清朝末年，白沟市场的繁荣达到了鼎盛时期，如“万盛堂”等大商号就有 100 多家，全国各地都有商人来这里交易，白沟成为享有“燕南大都会”之美誉的商业重镇。商品包装业在那时也逐渐兴起，从口袋铺、柜箱铺开始，白沟箱包开始了它披荆斩棘的发展之路。

水利工程

白沟引河是 1970 年开挖的人工河，上自新盖房引河闸开始至白洋淀新安北堤止，经容城县流入白洋淀。白沟引河全长 12 公里，河底宽 100 ～ 150 米，纵坡为 1/12 000。白沟引河上口设引河闸 5 孔，每孔 8 米，高 5.2 米。按照大清河北支治理规划，当上游来水量小于 500 立方米每秒时，大清河不向分洪道分洪，洪水泄入白洋淀，以保护分洪道和河道内庄稼。目前，白沟引河是连接大清河南北支的重要通道，可以将北支余水引入白洋淀。

白沟河引河有长堤与白洋淀北堤相连，相传长堤始建于宋代，形成于明清。

北易水

北易水是大清河水系南拒马河支流中易水支流的一部分，《水经注》中称其为濡水，《直隶通志》载：北易水古称濡水也。发源于易县龙华乡云蒙山南麓，流经易县、定兴县，至定兴县河内村与中易水河相汇。

北易水流域是一块风水宝地，因此清王朝统治者把帝王陵定在此地，后世为了与位于唐山遵化市的清朝帝陵相区别，便把遵化市的帝陵称为“清东陵”，把位于保定易县的帝陵称为“清西陵”。清西陵是全国重点文物保护单位、世界文化遗产。陵区占地约800平方公里，建筑面积5万平方米，埋葬着雍正（泰陵）、嘉庆（昌陵）、道光（慕陵）、光绪（崇陵）4个皇帝，以及9个皇后、56个嫔妃，另有王公、公主7人。

概述

北易水自西向东，流至大龙华、小龙华，沿途汇入刘家沟、太宁寺沟，流经龙泉庄、华北村、太和庄、半壁店、下岭村至梁各庄，先后有豹子沟、旺隆沟、杨各庄沟、下岳各庄沟流入，

北易水风光

以下有黄蒿沟汇入。从梁各庄向东南流经易县城西、厂东关村、三亢各庄、东斗城、西斗城、杨威城、东茹堡，于长安城村村西进入定兴县境内，流经石柱村北，沿村、古桑、究室、王村等村村东，大任、东落堡、南引、东引等村村西，在河内村村东汇入中易水，干流全长56.6公里，流域面积510平方公里。

流域环境

北易水在定兴县境内全长17.2公里，河道弯曲系数1.27，全为自然河道，安全泄量约在200立方米每秒。1977年，在大任村建起永久性桥1座，叫作团结桥，桥共12孔，桥长80米，桥面净宽6米。1999年，在团结桥南侧建新桥一座，但不久便成了危桥。2008年，定易公路改造升级成京昆高速引线，两座旧桥拆除，重建新桥，新桥共10孔，桥长255米，桥面净宽11.4米。

北易水流域地跨山区、丘陵区和平原区，地势西高东低，流域形状呈向西北突出的半圆形，北部属片麻岩，季节性地表水丰富，南部属石灰岩，地下水缺乏。易县梁各庄以上河床为卵石，以下为沙夹卵石。河谷宽度，干流一般为2～3公里，河床宽度在梁各庄以上为100～200米，以下则为40～1200米。干流纵坡在梁各庄以上是1/100～1/300，以下为1/500～1/1000。

北易水属季节性河流，平水年4月至5月没基流，枯水年11月到来年6月没有基流。流域内的春旱几乎年年发生，个别年份全年干旱。明嘉靖二年（1523年）至清光绪十八年（1892年）间，共发生大旱灾31次。流域内亦易发生洪灾。1954年6月20日至8月底，共降雨616.6毫米，北易水河暴涨4次，洪水漫过北岸，直奔县城，冲榻房屋1960间，淤地1150公顷。

北易水景观

1963年，易县柴厂村发生泥石流，冲毁房屋20余间，淹没耕地千亩，致死10人，负伤36人，冲走牲畜80余头。明景泰元年（1450年），在易州城外筑土堤以防洪水；明成化四年（1468年），引泉水入厂城西关，并在西关外筑土坝；明嘉靖三十八年（1559年），兴建厂城西关护城石堤；明万历十八年（1590年），重修堤坝并改为石闸，每闸二板，雨启晴闭。1949年后，对大龙华至杨威城长41.25公里的河道进行综合治理，建护村坝、护地坝、护林坝、护滩坝，保护沿河20余个村庄及800余公顷耕地、70余公顷林地、200余公顷滩地。1992年，在易河庄段左岸建浆砌石墙760米，右岸建浆砌石墙340米。1998年，在西关大桥至铁路桥段左岸修浆砌石墙750米，在厂城段左岸筑砂卵石坝800米，在徐家厂段左岸建浆砌石墙400米。上述防护工程对提高北易水河防洪能力起到了一定作用。

1957年至1960年，北易水上游支流修建旺隆、马头、垒子、莲花池、太宁寺、黄蒿、西洛平、南豹泉、金山庄、豹子峪等10座中小型水库，此举为缓解下游洪水起到了一定作用。1958年，易县当地政府修建了北易水灌区，渠首在梁各庄村东黑山头，干渠长16.3公里，设计流量3.5立方米每秒，控制灌溉面积2100公顷。1959年，挖开中易水河与北易水河的分水岭——孟津岭，跨流域引拒马河水入安格庄水库，同时分一部分水补给莲花池水库。1977年冬，在九源、君玉村附近开凿拒马河与北易水河的分水岭——官座岭隧洞，隧洞长1.5公里，1979年开通，引拒马河水经旺隆沟，入北易水河流域。南水北调中线工程总干渠，在易县荆轲山以渡槽形式跨越北易水河。

历史人文

（一）清西陵

北易水所经大龙华、小龙华至梁各庄段，是清西陵所在地。清西陵位于永宁山（清乾隆年间赐名永宁山，现称云蒙山）下，距易县县城20公里，是清代帝王陵寝之一。清西陵始建于雍正八年（1730年），陵内埋葬着雍正、嘉庆、道光、光绪4位皇帝，及后妃、公主、王爷、阿哥等陵寝共14座，面积达800余平方公里。陵区内有千余间宫殿建筑和百余座古建筑，其建筑形式体现着封建的典章制度，帝陵和后陵均用黄色琉璃瓦盖顶，妃嫔、公主、王爷陵寝则以绿琉璃瓦或灰布瓦盖顶。易县清西陵与唐山遵化市的清东陵都是全国重点保护文物单位，世界文化遗产。

清西陵

（二）荆轲塔

北易水南岸，易县县城西南 2.5 公里的荆轲山上建有荆轲塔，是为纪念古义士荆轲而建的，荆轲塔又称圣塔、院塔，塔建在荆轲衣冠冢上，即古时荆轲馆故址，塔身系沙石堆集而成。燕太子丹诀别荆轲，知其有去无还，便收其衣冠造假冢埋入，故为荆轲衣冠冢。大辽乾统三年（1103 年），在荆轲衣冠冢上建荆轲塔，明清时曾供田光、荆轲、高渐离三义士牌位，四时享祭。荆轲塔高 26 米，砖木结构，八角十三层，形如利剑，直指苍天，每层八隅各悬风铃，清风摆动，清脆悦耳，音传四野。

（三）后土皇帝庙

北易水河上游有一个马头水库，据专家学者考证，马头水库后山是5000年前黄帝部族由西北高原东迁后聚居、生活、发展、祭祀的根据地。史书记载的黄帝大战于涿鹿之野，就是以这里为中心的。其地域北到涿鹿、西到太行，传说中炎黄大战、黄帝战蚩尤、釜山会盟诸侯、黄帝造车、嫘祖养蚕染五色衣、仓颉造字、伶伦制乐器作五律制十二钟等许多重大事件都发生在这一带，至今这里尚存嫘祖洞、黄帝洞、蚕姑坨、釜山、钟模坑等遗址。

黄帝统一各部落后，虽建都于今涿鹿县矾山黄帝城，但后山仍是其近畿和家庙祖祠所在地，并派大臣伶伦护守祭祀。此后夏、商、周三代的3000多年间，易县后山一带一直是炎黄后裔生存发迹之地。

马头水库上游有一座2000多年历史的古庙——后土皇帝庙。后土皇帝庙，俗称“后山庙”或“后山奶奶庙”。相传在东汉时期，皇帝刘秀兵败时曾逃到这里，并藏在庙里，庙中的“奶奶”（西王母）在刘秀的脸上喷了些米饭和长尾巴蛆，使刘秀看上去如死人一般。王莽的追兵追到庙里，见刘秀的“死尸”躺在地上，且已生了蛆，就放心地走了，刘秀因此而脱险。刘秀登基做皇帝后，封老奶奶为“承天效法，后土皇帝”，并拨重金建庙塑金身以供祭祀。“文革”前，仅山上就有庙32座，除后土皇帝庙外，还有玉皇大帝庙、拜猿殿、轩辕黄帝庙、太阳殿、侯爷殿等。加上后山周围的其他庙宇，有六七十座之多。对后山奶奶的信仰在这一带很盛行，每年的农历三月初一到三月十五，全国各地的善男信女都到此地来求老奶奶保佑。

（四）大龙华战役

大龙华战役是抗日战争时期，八路军在河北易县大龙华地区袭击日本侵略军的一场战役。

1939年5月上旬，日军500多人由易县西进至梁各庄后，又派300多人向西南侵占大龙华，修筑易县至涞源的公路，并增设据点，企图分割晋察冀抗日根据地。八路军晋察冀军区以两个团、一个支队和一个特务营、一个骑兵营的兵力向敌人发起进攻。其中一部分兵力于5月20日拂晓以前，强袭大龙华，激战近一昼夜，全歼守敌。同时，另一部分兵力预伏于大红门地区，击退了由梁各庄支援的敌人。这场战斗，共歼敌400多人。

大龙华战役区别于其他同时期八路军著名战役的最大亮点，既不在于消灭了400多日伪军，也不在于缴获了大批武器装备，最大亮点是缴获了日军机密文件50多册。这批文件，是一团指战员在清理大龙华敌人据点时发现的。这些文件送上来后，分区几个领导同志急忙翻阅了一下，并从文件上的汉字看出，有些文件是日本政府颁发的侵华文件，有些文件是日军作战的行动计划，这些文件的内容包括政治、经济、军事等诸多方面，其中还有日军华北方面军司令部颁发的《关于剿匪与警备的指针》《关于使用特种器材（毒气）之参考》，以及对晋察冀根据地的《1939年第1、2、3期肃正作战概要》，日军第110师团司令部颁发的《对山区方面匪团封锁计划》等文件。这些文件，是侵占大龙华的日军保存的，他们原以为八路军攻不下大龙华，所以这些文件都没有转移。

几天后，军区司令员聂荣臻给杨成武打电话说：你们缴获的这批文件很重要，比缴获敌人几百条枪、几门大炮的功劳还大。敌人的大量核心机密被我们掌握了。我已经写了报告，随文件一起上送延安，供党中央参考。后来，这批文件在研究日军作战计划、制定对敌斗争方针政策等方面发挥了重大作用。

同时，大龙华战役的胜利，粉碎了敌人妄图打通涞易公路，并切断我一分区与平西抗日根据地联系的阴谋，对于巩固和发展晋察冀抗日根据地，起了重要作用。

水利工程

（一）马头水库

马头水库位于易县县城北，北易水河上游支流马头沟马头村，北界拒马河，是以防洪、灌溉为主，辅以养鱼的水利枢纽工程。马头沟长47.1公里，山区河道较窄，平原地区河道开阔，河源至马头水库流域平均宽度为3.08公里，河流弯曲系数为1.23，河源高程1110米，河口高程130米，河床平均比降7.06%，支沟共4条。马头水库至河口26.2公里，流域平均宽度5.19公里，河流弯曲系数1.30，河源高程130米，河口高程为0.30米，总落差100米，河床平均比降0.75%，两岸有开阔阶地，河床遍布砂卵石。马头水库控制流域面积49平方公里，占马头沟总流域面积26.5%。

马头水库修建于1957年12月，

马头水库

1960年6月份竣工，总工程量117万立方米，国家投资219万元。马头水库总库容1075立方米，兴利库容510万立方米，设计灌溉面积1.62万亩，最高洪水位49.02米（假设高程），正常水位44米，死水位33米。设计防洪标准为百年一遇（泄量825立方米每秒），千年一校核（泄量1025立方米每秒）。

整体工程由大坝、副坝、东西输水洞、溢洪道组成水利枢纽。主坝为黏土斜墙坝，坝顶高程50.2米，坝顶长500米，最大坝高23米，坝顶宽5米。副坝最高7.4米，坝长125米。

马头神湖

溢洪道位于主坝右端，距主坝500米，为开敞式顶堰，呈南西向，堰长250米，进口宽80米，出口宽60米，纵坡1／200。

马头水库自1960年竣工以来，由于整个工程未按设计完成配套以及设计、施工、水文条件等原因，长期处于病险状态，严重渗漏，历年来多次对工程进行改建、扩建、加固。

1960年7月29日至1961年8月，马头水库改建工程；1963年，改建溢洪道工程；1963年，马头水库修建工程恢复；1974年至1975年，水库防渗加固工程；1975年至1976年，截水槽大铺盖及大坝斜墙施工；1987年至1988年，坝前塌坑加固处理；1989年至1991年，完成马头水库至流井2公里的砼防汛路工程；1995年6月12日至7月12日，实施马头水库大坝除险加固工程；1996年5月至6月，投资36万元完成马头水库第二期除险加固工程；2003年，实施马头水库除险加固工程；2004年3月至5月，溢洪道除险加固一期；2006年3月至6月，完成溢洪道除险加固二期。这些工程使马头水库得到进一步加固，配套设施得到进一步完善，提高了马头水库的防洪标准和兴利蓄水能力，为充分发挥工程效益提供了保证。

（二）垒子水库

垒子水库位于保定市涞水县县城西北约9公里处的垒子河上，是一座以防洪为主，结合灌溉的中型水利枢纽工程，水库控制流域面积25.1平方公里，总库容1007万立方米。垒子水库流域内还有两座小型水库，分别是清华寺水库和西洛平水库。清华寺水库流域面积6.7平方公里，总库容20.3万立方米；西洛平水库流域面积4.9平方公里，总库容19.85万立方米。

垒子水库工程位于太行山东麓的低山丘陵区，多为岩体裸露，水库以上西北部高山屏蔽，东南部较低。水库左岸为倾斜坡地，右岸基岩裸露，岩坡较陡，坡度50度～70度，岩层多

垒子水库

为流向倾斜。

垒子水库1958年3月正式动工修建，当年6月竣工，1960年投入使用。由于中国人民解放军驻涞水部队在水库修建过程中给予了大力支持，垒子水库曾被涞水县委命名为“八一水库”。垒子水库初建时为小（Ⅰ）型水库，1960年改建溢洪道，1964年溢洪道加深0.8米，大坝加高1.5米，水库达到中型水库标准。1974年于库区右侧重新开挖了一条溢洪道，旧溢洪道封堵，大坝加高，并于坝前设截水槽一道。1976年大坝又进行了加高处理，达到现状规模。垒子水库自投入使用以来，在防洪、灌溉等方面发挥了重要作用。2009年实施了除险加固工程。

垒子水库主要建筑物包括主坝、副坝、溢洪道、输水洞。

主坝坝长 415 米，副坝由原溢洪道封堵形成，长 32 米，溢洪道为岸边正槽式宽顶堰，输水洞为圆拱直墙式。

垒子水库流域内气候温和，属暖湿带大陆性季风气候区，四季分明。春季干旱，常受蒙古大陆性气团影响，偏北风或偏西风盛行，蒸发量大，降雨稀少；夏季炎热，受太平洋暖湿气候及太行山地形影响，降雨量集中，由于影响降雨的海洋性气团每年进退时间及强度不一，往往形成久旱不雨或大雨成灾；秋季晴朗气爽，降雨稀少；冬季受西伯利亚大陆性气团控制，寒冷少雨雪，多北风。据易县气象统计，垒子水库流域多年平均温度 11.9 摄氏度，各月平均最高气温 30.9 摄氏度，各月平均最低温度 −10.2 摄氏度，极端最高气温 41.6 摄氏度，极端最低气温 −21.4 摄氏度；多年平均风速 1.6 米每秒，最大风速 17 米每秒，多为西北风；多年平均水面蒸发量 1667 毫米；最大冻土深度 68 厘米；多年平均降水量约 550 毫米，降水年内分配很不均匀，80% 的降水量集中于 6 月至 9 月。

地表水主要为水库库水，主要来源于垒子河上游径流、两岸基岩裂隙和泉水补给。地下水主要为裂隙水和基岩裂隙水。孔隙潜水含水层主要为坝基卵石层，主要补给源为水库地表水，并与水库水位联系密切，水库排泄方式主要以向下游径流排泄为主。基岩裂隙水补给来源主要为水库地表水和大气降水。

垒子水库库区内的山体植被类型多为灌草，以灌木林山皂荚、荆条为主。野生动物主要有草鱼、鲤鱼、獾、野兔、松鼠、山雀、山鸡等。

垒子水库处于环京津旅游休闲带上，自然资源、基础条件良好，区位条件优越。北依首都北京，距北京市 90 公里；东临天津市，距天津 150 公里；南距保定市区 75 公里，交通条件十分便利。

中易水

说到易水，很多人想起的是“荆轲刺秦王”，是“风萧萧兮易水寒，壮士一去兮不复还！”但这些故事到底发生在哪里，却不是每个人都清楚的，其实，那段慷慨悲歌的故事就发生在中易水河流域内。

中易水河，系大清河水系南拒马河支流，在《直隶通志》中称其为武水，又名白涧河、故安河。中易水河发源于易县西部五峰寨南麓，流经易县、定兴县，于北河店村汇入南拒马河。

概述

中易水即古易水正源，河水甘甜，适合酿酒。中易水河发源于易县西部蚍蜉岭，向东南自西落堡村进入定兴县境，流经沽酒、北大牛、百楼、郑村、仓巨、红树、红树营村之北，平堤、南章、易上、韩村、辛安甫村之南，在河内村的东南、东引村的西南与北易水交汇后继续向东，约 2 公里后于北河店村东北、大沟村西南汇入南拒马河。中易水河全长 61.5 公里，

中易水

流域面积 829 平方公里（不包括北易水），在定兴县境内河长 24 公里。

流域环境

中易水河支流较多，流域面积大于 50 平方公里的有富岗沟、金坡沟、黄沙口沟、何家沟、鸭子村沟、许村沟。中易水流域多年平均年降水量 510 毫米，降水 85% 集中在 7、8、9 三个月份，河道枯水年 11 月至次年 6 月无基流，平水年 4 月至 5 月也无基流。中易水流域春季干旱，夏季时常发生水灾。据易县《水利志》载：1558 年、1560 年、1636 年、1942 年曾发生大旱，农作物无收成。1534 年、1554 年、1671 年、1917

年、1940年曾洪水成灾。1954年6月20日至8月底，中易水河暴涨3次，山洪毁梯田、地埝3047道，倒塌房屋1960间，淤地1200公顷；1956年8月15至19日，中易水河水位超过两岸地面50厘米，600多户搬迁避险。

历史人文

（一）荆轲刺秦

历史上燕太子丹送荆轲刺秦王的故事就发生在中易水与南拒马河交汇的荆轲渡，即河阳渡口（今107国道西，大沟村南）。

白虹村相传是燕太子丹为荆轲赴秦饯行的地方，《史记·刺客列传》记载："太子及宾客知其事者，皆白衣冠以送之。至易水之上，既祖，取道。高渐离击筑，荆轲和而歌，为变徵之声，士皆垂泪涕泣。又前而为歌曰：'风萧萧兮易水寒，壮士一去兮不复还！'复为慷慨羽声，士皆瞋目，发尽上指冠。"这是2200多年前发生在这里的真实一幕。荆轲肩负着一个国家的希望和重托，踏上了征途遥遥的不归路。而他留下的千古绝唱却常驻人心，始终感染着后来人。

（二）燕下都遗址

白涧、金龙城至龙湾头一带，就是著名的燕下都遗址，位于中易水与北易水河之间，是战国时期燕国都城之一。燕下都遗址是战国时期燕国的都城遗址，建于战国末期燕昭王时代。城址呈长方形，东西长约8公里，南北宽达4公里，是战国都城中面积最大的一座，总面积约40平方公里。中部有条纵贯南北的古河道，相传是燕国在中易水河北岸武阳台一带为疏浚河道、连通北易水河和中易水所修建的运粮河。河东岸有一道与河道平行的城墙，把燕下都分成东、西两城，东城分为宫殿

中易水景观

区、手工业作坊区、居民区、墓葬区、古河道区五个部分，文化遗存相当丰富，且保存较好。西城为一处防御性的附城，遗存较少。燕下都遗址出土了大量的珍贵文物，为研究战国时期的政治、经济、文化、军事及城市建设，提供了极为丰富的资料和凭证。

水利工程

（一）工程概况

中易水河道上游建有一座安格庄大型水库，在安格庄水库以上中易水流域形状呈扇形，支流繁多，安格庄水库以下中易水流域呈狭长形，其主要支流约 20 条，上游重要支流与拒马河仅一岭之隔，但二河高程相差悬殊，蕴藏着巨大的水能。安格庄水库系 1960 年定兴、易县合力建成，库容 3.09 亿立方米，以防洪为主，结合灌溉发电，缓解下游洪水，并有灌溉之利。往下游 12 公里，在易县西水冶村建有滚水坝，为易水灌区的渠首枢纽。中易水两岸无堤防，河道弯曲系数 1.44，河道横断面多呈浅盘子形，沙害严重，有形河槽宽 100 ～ 500 米不等，河深仅 1 ～ 1.5 米，河道纵坡在 1/2000 左右，河床为细沙，沙深数米，枯水季节多干涸。河槽安全流量在 100 ～ 150 立方米每秒，遇较大洪水时水面宽度可达 700 ～ 1000 米，漫溢严重。1977 年冬，定兴县对中易水进行了一次试验治理，分段裁弯取直并适当疏浚河槽，改善了行洪条件，定兴段裁弯取直后河长 18.8 公里。

中易水上还建有鸭子沟、武家沟、双合庄、东杜岗、方岗、良岗等小型水库 6 座。1956 年至 1957 年，中易水河右岸龙湾头至周任村修筑护村大堤，长 6 公里，高 3 米，宽 5 米，解决了龙湾头村、周任村被洪水围困的问题，还使千亩沙滩变成了水田；1958 年，在中易水河上游安格庄村西建成安格庄大型水库。同年在紫荆关将拒马河与中易水分水岭挖开，修建了五一引水渠，引拒马河水入安格庄水库。同年在西水冶村中易水右岸修五一大渠，左岸修跃进渠，后改称易水灌渠。1959 年，在金坡村将中易水与北易水自分水岭——孟津岭挖开，引中易水入北易水流域。1969 年，在中易水左岸三合庄附近修建一座大型扬水站——神石庄扬水站。1970 年，以安格庄水库为水源修建胜利灌区，控制灌溉面积 0.75 万公顷。1977 年秋，在神石庄下游大规模治理疏通中易水。1990 年，高易大铁路延伸到中易水左岸，可使中易水丰富的河砂得到大量开采和外运。

中易水河是市属行洪河道，河形宽浅，河床为沙质，深数米。1997 年起，中易水开始出现河道采砂，在一定意义上对疏浚河道有积极作用，但因采砂活动系无序开采，弃料在河道内堆积，甚至破坏两岸堤埝，对河道安全行洪造成极大威胁，2003 年起，当地政府加大河道采砂管理力度，河道得到有效疏浚，大大提高了河道的行洪能力。2008 年 3 月，当地政府将 1978 年修建的百楼漫水桥拆除，在桥旧址处建新桥一座，新桥长 121.16 米，宽 8.28 米，全桥分 9 孔，单孔跨度 13 米。2008 年，京昆高速工程横穿中易水河，在平堽村至沽酒村一线修建永久性跨河大桥一座，桥长 1087 米，宽 16.75 米，全桥分 36 孔，单孔跨度 30 米。2010 年，当地政府将 1980 年修建的河内漫水桥拆除，在桥旧址处建新桥一座，新桥长 109.12 米，宽 6.64 米，全桥分 8 孔，单孔跨度 13 米。

（二）景点开发

易水湖位于中易水流域之中，这里四面环山，烟波浩渺，风景秀丽，可在湖边择一佳处，远眺美景，又可寻幽僻处静坐，发千古忧思，在这里怀念荆轲刺秦王的壮举，是最恰当的。

有关易水的诗歌辞赋，无不和“风”“寒”有关：燕太子丹送荆轲刺秦于易水作别，荆轲合着音乐高歌，“风萧萧兮易水寒，壮士一去兮不复还。”；骆宾王曾有一首《于易水送人》，“此地别燕丹，壮士发冲冠。昔时人已没，今日水犹寒。”；北周王褒曾作《高句丽》，“萧萧易水生波，燕赵佳人自多。”

易水湖现为国家 4A 级景区，湖水水质清澈纯净，水质属于国标二级标准。易水湖环境优美，景色宜人，因可与漓江风光相媲美，故被称为“北方小桂林 ”。2016 年 9 月，易水湖

易水湖

被水利部批准为第十六批国家级水利风景区。易水湖紧临恋乡太行水镇，四面环山，背靠紫荆关，东临清西陵，西连五峰寨，南望狼牙山，宛若太行山群环抱中的一颗璀璨明珠——聚天地之精华，钟山水之灵秀。

易水湖概述。易水湖位于大清河北支中易水上游，保定市易县县城西南 25 公里处，安格庄村村西，距首都北京约 150 公里，距雄安新区约 100 公里。易水湖控制面积 476 平方公里，是一座以防洪灌溉、生态旅游、并网发电等为一体的综合利用的水利枢纽，下设易水灌区和胜利灌区，远景规划为拒马河紫荆关水电站反调节水库。近年来，保定市委、市政府按照“绿水青山就是金山银山”的发展理念，把水利风景区建设作为生态文明建设和助力脱贫攻坚的重要抓手，结合水库除险加固、中小河流治理、河湖生态修复等重点水利工程，扎实开展水利风景区建设，不仅易水湖被评为国家级水利风景区，还在易水湖周边创建了恋乡太行水镇，形成了新的旅游增长点。2016 年 9 月，河北省首届旅游发展大会在易水湖和太行水镇召开，易水湖每年旅游客流量达到 200 多万人次。易水湖不仅改善了当地的生态环境，也带动了旅游事业的快速发展。

易水湖景观。易水湖上连“拒马奔涛”，下启“易水寒流”，南望“郎山竞秀”，北界“云蒙叠翠”。易水湖山雄奇险峻，占尽山川之妙，易水湖水清纯柔美，秀色可餐，因此，易水湖成了生态旅游的绝妙之地。游人可以在这里划船、冲浪、游泳、垂钓，还可以自捕自钓自食天然鱼、虾、蟹。在这里，游人可以充分体味易水湖地区人民的纯朴、热情、憨厚、好客，享受北方的山村野趣。易水湖山水之美，美不胜收，其景区内景点甚多，可谓景中有景。其中颇具特色的是老子峰，它将道家思想融于自然景致之中，寓意深厚，给人以启迪，至此美景中，真有顿然开悟，流连忘返之感。老子峰海拔 3100 米，临水观景栈道，蜿蜒曲折，宛若蛟龙，一步一景，拾级而上，湖光山色尽收眼底，是旅游观光的精华所在。老子峰山石林立，造型奇特，雄奇险峻，有大道之源、天地根、无为屏、天门云梯、观水、鹤鸣桥、养生海岛等 12 处风景。易水湖还设有金坡、金龟、大坝三个码头，豪华游船几十艘，每天运载着上万人次的游客乘船御风，踏波逐浪，畅游易水湖 27 平方公里湖光山色。

大道之源八卦台——吸天地之灵气，集日月之精华。老子峰景区第一个地标性观景台是“大道之源八卦台”，站在八卦台的能量中心位置，吸天地之灵气，集日月之精华，仰观老子峰深邃，俯瞰易水湖悠远。八卦是世界上最早的离言直观的符号体系，它完整形象地阐释了“道”，代表了易学文化，有着深奥的哲理内涵。

易水湖湖光山色

谷神洞——数亿年地质演变的鬼斧神工。谷神洞是一个天然的石灰岩溶洞，属于岩溶地貌，也称喀斯特地貌。岩溶地貌是地下水、地表水在二氧化碳的参与下，对碳酸盐岩类岩石发生溶蚀作用而形成的一种特殊地貌。在距今约 5000 万年前，受新构造运动的影响，地壳抬升使溶洞暴露于地表，与岩石奇妙的形态背景珠联璧合，构成如此独特的高山溶洞地貌景观。

无为屏——顺应自然不妄为 。一个转角，一面巨屏，背依青山，临水而立，居高俯瞰，湖光山色尽收眼底。老子的思想强调生命的价值在于自省，无为屏便提醒人们：人为万物之灵，修正行为，合于天道，减少私欲，直到清静无为的状态。无论追求个性发展或者社会进步，都应建立在人与自然的和谐关系上，思想、言谈、行为皆合乎于道，顺应自然不妄为，才能无所不为。

长生久视——凝思观望，祈福安康。长生久视是一块岩石，它神似一只灵龟探头，俯瞰对面的养生岛，好像在沉思，又好像在观望。神龟向往着空虚无欲、虚怀若谷、恬淡安宁、功成身退的圣人境界。人一旦修炼到天人合一的境界，将自身有限的生命融入无尽的宇宙运化之中，合于道则长久，这就是“长生久视”的境界。当地人常说：“神龟面前走一走，荣华富贵全都有；神龟面前留一留，人生万事不发愁。摸摸神龟山，能活一百三。”

致虚台——致虚极，守静笃。这里是观看易水湖风光的最佳地点，伫立致虚台上，感受清风徐来，晴空暖阳。此时此刻，放下杂念，深做呼吸，静静地欣赏着青翠的山峰、碧绿的湖水、清澈的蓝天、醉人的夕阳。让自己和山河大地融为一体，体悟天人合一的境界。但愿长醉不愿醒，易水湖畔做仙人。

天门云梯——天门开阖。天门云梯是老子峰最陡峭的一段

无为屏

栈道，一共156级，绿荫遮盖，山石突兀，石径幽深，拾级而上体验攀缘的乐趣。“天门”一词取自《道德经》中：“天门开阖，能为雌乎？明白四达，能无知乎？”天门云梯底部，亦是同出门的脚下，俯仰之间，又幻化出另一番景象。

小桂林。从易水湖的金龟码头登船一直向南，映入眼帘的是悬崖峭壁，勾画出南国风光般的桂林山水画。山上有仙人洞、仙人桥、仙人桩、仙人渠、仙人脚印、王子帽、流鱼洞（现已被水淹没），登高远眺，山体整体像一尊睡佛。山中还有七仙度曹国舅的传说，因此有游客曾留下佳句“七仙到此度国舅，南湖山水小桂林。早知此处风景美，何必千里下江南”。深山深处有磨岩寺、石像把门、龙潭、莲花桥、燕王寨、莲花瓣、群兽石群、跑马梁、白蛇洞等。

李密山。在易水湖北岸孤零地矗立着一座独峰，山峰有棱有角，是李密所建锦荣城的旧城墙遗址，现有北京开发商正在修建别具一格的避暑别墅山庄（原锦荣城后护国寺、普照寺旧址处）。传说此山峰内部是空的，山体中是李密在这里建城时的藏匿粮食、兵器、金银之处，故此山叫作李密山。

凤凰山。凤凰山因山体形似凤凰鸟而得名，传说是块风水宝地。相传，西汉末期的北平侯王谭，不从王莽之政，带王子隐居在此山下之下的五公城。隋末，西魏王李密带瓦岗军在此山东建都城锦荣城。清康熙五年（1666 年），后私访曾派大臣预选陵址，并立标记“头戴紫荆冠（关），脚趾凤凰山，右拄五峰寨，左扶九龙山”，背面写“先立后用”。凤凰山山上柏树茂密，藤萝倒挂，小路蜿蜒而上。相传此地龙虎夺球，山中有洞，洞中常有仙女出没，还有“麒麟护美”“不爱江山爱美人”的传说。凤凰山山后花开似锦，鲜艳夺目，沟中有一水井，当地人称井水可医治眼疾、腹痛。

不死柏。凤凰山半山腰岩平台处有座观音庙。庙前岩缝处长有一棵柏树，树上挂一口钟，树丫拴有许多风铃，风吹铃响，悦耳动听。传说当年康熙皇帝御封此柏而不死，从那时起，一棵“不死柏”，留下了一连串美丽的故事。

龙门套。自金坡东山至大坝码头统称九龙山，最高峰名为王门寨，此山寨当年由王伯当将军驻守。山中山石奇特，千姿百态，有像石壶的，有像石碗的，有像石凳子的，传说这些山石是仙人王禅和其弟子孙膑南游落脚时坐过、用过的。在龙门套原有一座月牙庵，相传凡求亲相爱的青年男女，可在此处求月下老人牵红线永结同心，现只有遗址。

云海烟波。从云蒙山升起的云雾到麒麟山口便被南风吹散，这就使得麒麟山山北有雨，而山南就没有雨。南风吹来的雨云过狼牙山便立即雨水纷纷落下，但到了下铺村北平台，雨云便被北面的风顶住，雨水也就停止。这就形成了从麒麟山口到下铺村北平台这段中间地带只有地方雨。因此，经常出现南面阳光普照，北边晴空万里，而中间地带却是哗哗下细雨的景象，这是天气预报都难以预测的一种大自然奇观。

三洞为邻。易水湖山上的洞有一个奇特的现象，即洞与洞之间或上下排列，或左右排列，只要有一个洞便可在其周围寻到其他两个。相传曾有三个大仙关系十分要好，毗邻居住，他们的子孙繁衍分居后仍效仿祖辈，从此便形成了三洞为邻的格局。

佛光反照。当夕阳西下，晚霞照在燕望寨的黄崖壁上返回的光芒，把小桂林山影映入水中形成倒影，实为壮观，乘船犹如踏山穿行。

章龙潭。在小桂林西拐弯处，从磨岩寺东沿山崖根小路穿龙门进龙王庙，沿耳朵眼儿、手扒天马蹄印到龙潭。龙潭似井不是井，水清见底，其景绝妙。传说龙太子章被玉皇大帝打下天庭，在威王山下似井的天潭里受罪。王母娘娘赐给章三分私雨，让他润泽一方土地。故易水湖地区的百姓常说“北边来雨不过嘴，南边来雨到平台，中间只有章的私雨”。每每出现旱灾的时候，人们就会到龙潭来求龙太子章下雨，之后便会出现中间下雨南北晴的奇观。

磨岩寺。章龙潭西侧是磨岩寺旧址，背靠山岩石壁，前面是明净的湖水。湖中心有一座圆形孤峰，山似磨荸荠，人称磨盘荸荠。

威王山。磨岩寺的后山便是威王山。威王山的主峰分为单寨、双寨，山峰三面环水，传说程咬金曾在寨顶居住过。寨下有大辙峪、小辙峪，在大辙峪石板上还留有马蹄印。登寨顶似脚蹬莲花，在群山怀抱中，如众星捧月，又如水泊梁山。南眺

狼牙山群峰，峰似狼牙入云端；东观云蒙山下清西陵松林黄瓦，易水河灌渠似巨龙蜿蜒而去；北望紫荆雄关，天河水倾泻而下汇入龙湖；西看几百里太行河山尽收眼底。确有“会当威王顶，一览群山小”的意境。

易水湖历史人文。2008年，吴宇森导演的《赤壁》即将开拍，拍摄地点却迟迟未公布。据吴宇森称，他的设想是要在水面上修建庞大的水寨，另外在陆地上修建足有两个足球场那么大的曹操营寨，再将实景和数字特技的场景结合在一起，创造出千军万马的效果。国内影视拍摄基地倒是不少，从横店到三国城

易水湖风光

再到象山，皆有大导演垂青，然而吴宇森导演却一直举棋不定。因为既要营造赤壁之战的宏大战争场面，又有艺术表现的实际需求，经过实地考察，空间不足的各大影视基地以及艺术表现力不足的湖北赤壁古战场都无法满足电影拍摄的要求。最终，独具慧眼的吴宇森导演发现了易水湖。正是这里山水相依的秀美景色，以及 1600 多公顷的水域面积，成就了吴宇森的这部电影巨作。

传说在初唐年间，天下烽烟未熄。刘黑闼造反，占据紫荆关。唐王派罗成带兵平叛，罗成攻下紫荆关，刘黑闼在混乱中逃走，罗成带兵追赶。这时，太子李建成乘虚而入，占领了紫荆关。罗成连续作战，筋疲力尽，想回到紫荆关休整再战。但李建成闭门不开。罗成无奈，反身带领士兵又杀向刘黑闼叛军。追至泥瓦铺处，见刘黑闼就在对面的山上，罗成跃马过河，结果马陷淤泥河，被刘军乱箭射死。后来人们把罗成的马、战袍、马鞍、马镫、银枪等埋在金坡的十八亩地，这便是“罗成叫关，马陷淤泥河，十八亩地葬罗成”的故事。据说当年在易水湖修建之时曾挖出一副金马镫，有人猜测这应该就是唐代著名大将罗成的马镫。当然，史书上并不存在罗成这个人物，但是民间文学中英雄人物的形象和故事总能勾起人们的追念和想象。

漕河

漕河，系大清河南支之一，发源于易县与涞源县交界处的五回岭，流经易县、满城、徐水等县区，在安新县迪城村东入白洋淀。漕河是由“徐水”“曹水”两股水源历经沧桑演变而形成的一条河流。据北魏郦道元《水经注》载：“徐水源出易州五回岭”，“曹水源出朔宁曹河泽”。《直隶通志》中载：曹河泽当在釜山下，查釜山有村，其东有水一区周里许，平时干涸，雨潦则流，至曲城村入雹（瀑）河。当即曹河泽矣。俗呼为曲水河。漕河在易州（今易县）则曰徐河、雷溪河，至满城则曰大册河、要庄河。至安肃（今徐水区）始名曹河。后“曹”演变成“漕”，称漕河。清光绪年间的《畿辅通志》中载：徐水（河）本居曹水（河）的上游。

一条漕河，就是一部丰富的历史，它就像一个老人，冷眼看着世事变幻，白云苍狗，却总是波澜不惊。

概述

漕河，发源于易县五回岭东麓，管头村以上分为南、北两条支流。北支流经孙家岭、墨斗店、宝石、桑岗、苑岗、刘岗、猫儿岩等村至狼牙山南侧南管头村，南有经甘河净村、七峪、武家庄、冯家庄等村的甘河净沟来水从右岸汇入，后转向东流，经周庄、裴庄、独乐、松山、团山入龙门水库。因东龙门、西龙门涧上两岸相合，崖距数丈，潭底渊深，悬崖喷溜，澎轰闻数里，见者惊

漕河景观

神，临者骇魄，金泰和年间赐名“雷溪”。过龙门水库，入满城区，南流入龙门峡谷。《保定府志》中称“又南转石门山，俗谓之龙门，飞流直下，声振峡谷”。从龙门东南流经南水峪、北水峪，在北水峪村东，河侧山脚下有泉名“金鸽”，神话传说为两只金鸽所浚。尽管连年干旱，泉水仍潺潺流淌，供民取用，经化验，泉水属优质山泉水。漕河继向东南流，纳青山沟来水，至魏庄汇白堡沟来水，至神星村东南汇马连川河来水，再东流至市头村，从大册营村出山，此段名叫大册河。再经胡疃村、两渔村至要庄村，此段名叫要庄河。要庄以东经南宋村、东留马、东庄店到北楼村西进入徐水区境内，在左岸相继接纳泥河沟来水、六各庄排干水，复经于坊、空城过南留橡胶坝。至此，两岸设有堤防。经于坊、空城村至漕河村，此段名叫漕河。

流域环境

漕河全长120公里，流域面积800多平方公里。上游是侵蚀构造形成的深山区，中部是由剥蚀和堆积形成的浅山丘陵区，下游是由冲积形成的平原区。流域林木覆盖率低，水土流失比较严重。漕河流域属大陆性季风气候区，多年平均年降水量606.7毫米。历史上多洪涝、干旱灾害。1950年8月后半月降水390毫米，漕河、白草沟、界河下游决口，沿河1480公顷农作物遭灾。1952年8月降水仅56毫米，导致伏旱加秋旱。1954年7月，全流域发生特大洪沥灾害，漕河5处决口。1963年8月，漕河发大水，堤防多处漫溢、决口，受京广铁路路基阻滞，泛滥洪水向西涌入保定城区。1960年建成龙门大型水库，1970年建成龙门灌区。沿河建扬水站点58处。1975年至2003年，对两岸进行过5次较大规模的整修和加固，左右堤顶平均加高0.7米，顶宽增加3米，由原来安全行洪258立方米每秒提高到400立方米每秒，并新筑堤2400米，治理险工4510米，复堤43.2公里。河床宽度上游约300米，下游约200米。京广铁路68号桥以下始有堤，右堤为主。边界河段，清苑区辖右堤（徐水区南高桥村至府河江流口）长17.5公里，堤顶宽4米。龙门水库至京广铁路68号桥安全泄量为300立方米每秒，京广铁路68号桥以下安全泄量为355立方米每秒。1964年前，漕河常年有水，以后至今为季节河道。

暮色下的漕河

历史人文

（一）历史上的战役

漕河在历史上是重大战役多发的一条河，特别是在宋代，漕河流域是宋辽战争的主战场，无论是真实的历史战役还是评书中讲到的杨家将众儿郎，他们的故事都发生在漕河流域。

漕河流域的管头镇，以上为保定至察南、雁北的骡马交通要道，以下之地则发生过多次战争。西汉更始三年（25 年），汉光武帝刘秀与铜马、五幡起义军战于顺水（漕河）。五代后晋开运三年（946年），漕河流域建狼山寨，至北宋宣和五年（1123年）狼山寨消失，在170余年中，狼山寨为御辽的前沿阵地。明建文三年（1401年），燕王朱棣与建文帝的军队在狼牙山前漕河沿线激战，燕王朱棣歼灭建文帝军队3万余人，建文帝在河北的军事力量大为削弱。清光绪二十六年（1900年），义和团在管头东滩口、周庄等地与德国侵略军激战，在东滩口南观音堂一带毙伤侵略军30余人。为此德国侵略军三次焚烧周庄，700余间房屋被夷为平地，200余户人家流离失所。

抗日战争时期，管头、周庄、娄山一带是晋察冀边区一分区党政军领导机关驻地（后迁至漕河上游）。狼牙山地区则是日本侵略军“扫荡”的重要目标。

（二）驴肉火烧

漕河是河北驴肉的发源地，保定名吃驴肉火烧便出于此。保定的驴肉火烧，讲究的是火烧金黄酥脆，内软外脆，驴肉肉质鲜美，肥而不腻，瘦而不柴，最正宗的吃法是将火烧趁热用刀劈开，加入热腾腾的熟驴肉，咬一口浓香沁肺，口味纯正，令人胃口大开。俗话说“天上龙肉，地下驴肉”，到保定不吃漕河驴肉等于虚此一行。现在这一历史悠久的小吃得到了越来越多人的喜爱。

（三）龙门的传说

从前，沙河（现今的漕河）南有道石岗挡住河水，使得河水只能向北流淌。石岗南、北各有一个村子，沙河连年泛滥，北面的沙江村连年遭灾，而南面的焦村，虽然地处低洼，却因石岗这块天然屏障，平安无事。

焦村有个姓焦的恶霸霸占了方圆几十里的土地，他为人心狠手辣，当地人都叫他焦阎王。有一年，倾盆大雨直下了七天七夜，沙河又吞没了沙江村，焦阎王来到了石岗上哈哈大笑，说："下吧！下吧！越大越好！"这话正好被化妆成老农巡雨看水的小猪龙听到了，小猪龙上前问道："焦老爷，这雨如果再下，恐怕焦村也难保呀！"焦阎王三角眼一瞪，脸一垂，说："你这穷鬼，我焦村以岗为坎，不会被淹的，气死龙王。"小猪龙赶忙回去报告了大龙王。龙王听后，气得龙须直立，命十二条雨龙一起下雨，定要把焦村淹没。此时，小猪龙急忙劝道："龙王且慢，这样焦村的百姓就要遭殃了，还是另打主意为好。"接着又说："只要两个月无雨，焦阎王自己就会开岗引水。"于是龙王让小猪龙下去，变作一个小伙子，来到焦阎王府上干活。两个月过去了，老天爷滴水未下。地皮龟裂，庄稼都快死了。焦阎王冰冷不睬，还满不在乎地说："我粮满仓、银满柜，三年不下雨我也不怕。"小猪龙看焦阎王根本没有开岗引水的意思，心里想着龙王的旨意，便要结账回家，焦阎王听说他不干了，便赔着笑脸说："这两个月你干得不错，我家有个规矩，在这儿干活的人，临走前都要给我挑两担水浇浇花。"小猪龙没在意，提桶来到井台，正当弯腰提水时，焦阎王在背后猛一推，把小猪龙推到了井里，小猪龙到井底一看，井底竟然全是森森的人骨，顿时气得火冒三丈，小猪龙马上钻到沙河底下开始用嘴拱石岗。一天、二天、三天……整整拱了七七四十九天，终于把石岗拱开了一个洞，沙河水就在小猪龙的引导下，一路扑进焦村，顷刻间，焦村变成一片汪洋，焦阎王也被淹死了。

小猪龙由于又气又急，加上劳累过度，就死在了一座悬崖下。大龙王得知此事，很受感动，于是带了十二条雨龙为小猪龙吊丧，大龙王和十二条雨龙住在了一个大水塘里，直闹了三天三夜才回去。后来人们就把小猪龙拱开的那个洞叫"龙门"，小猪龙死的那个地方叫"咽气崖"，大龙王与十二条雨龙住过的水塘叫"龙潭"。为纪念小猪龙，当地村民还在龙潭旁修建了龙王庙，每年农历二月初二都有龙潭庙会。

（四）千佛宝塔

在龙门水库的北岸，易县西山北乡塔峪村村南建有千佛宝塔，俗称黄四娘塔，耸立于塔峪村丛林之中。

千佛宝塔修建于清顺治五年（1648 年），塔为六角七层楼阁式砖塔，塔高 17 米，由塔胯、塔身、塔刹三部分组成。塔座为砖砌须弥座，束腰部分为砖缠枝花卉。须弥座上承勾栏，勾栏也砖雕人物、卷草、花卉，以及麒麟、马、鹿、狮子等动物，其形象栩栩如生。塔身共七层，第一、二、三层南面辟门，可以攀登，四层以上为实心塔。第一层、第七层檐为仿木结构，有砖雕檩、椽，飞承托檐部。第二、四、六层则雕成仰莲座承托檐头。第三、五层则砖雕斗拱承托檐部。各层出檐均为布瓦顶，且第一层出檐上各脊均有脊兽，第一层檐下南门楣雕成二龙戏珠状，门上方镶嵌一石匾额，上刻佛像三尊，下刻文字，正中为“千佛宝塔”四字，上款为“大清国”，下款为“顺治五年季春”。

千佛宝塔建筑年代较晚，但做工精细考究，雕刻精美细致，各层檐做法混杂兼顾木结构建筑形式，非常少见。塔身上的雕刻以中国民间传统的神仙形象为主，以此推断这座塔是一座风水塔。

1993 年 7 月，千佛宝塔被列为河北省文物保护单位。

（五）综合治理项目

以漕河流域河道两侧田园风光为基础，以休闲农业为核心，集生态保护、河道修复、农业旅游、乡村旅游、现代农业为一体的漕河综合治理项目已全面启动，主要工作包括：进行河道梳理清淤、水质提升保护、水岸清理、植被培育、农田土壤修复等，为下游雄安新区提供水质水量保障，为京津冀一体化建设的国家战略提供生态支撑，建设绿色、生态、低碳、宜居、休闲景观带。

漕河湿地由保定市政府规划为湿地公园，已经进入实施阶段，此外，在湿地附近的合理利用区，公园内还将建设湿地漫步道、亲水乐园、湿地画廊、摄影观景台、鸟类展示长廊、湿地植物认知园、乡野童趣长廊等，让人与自然相亲相近相融。

古老的漕河，在崭新的雄安新区规划和建设中必将焕发出无穷的魅力。

水利工程

龙门水库位于保定市满城区东龙门村漕河中游，是以防洪为主，结合灌溉及养殖综合利用的大型水利工程，工程等别为二等，主要建筑物级别为二级。龙门水库最大库容 1.267 亿立方米，控制流域面积 470 平方公里。其枢纽工程包括：龙门主坝，龙门、沙江、李庄和十八坡四座副坝，泄洪闸，溢洪道，主坝输水洞及李庄副坝输水洞等。

龙门水库始建于 1958 年 2 月，按中型水库标准动工兴建，由保定专署水利局设计。按 50 年一遇洪水设计，百年一遇洪水校核，总库容 5200 万立方米，坝顶高程 122.8 米。中型水库建成后，因库容小，防洪标准低，为了增加水库防洪减灾的效益，在中型水库的基础上扩建为大型水库，于 1959 年 11 月至 1960 年 6 月实施了扩建工程。工程为百年设计，千年校核，总库容 1.18 亿立方米。2002 年 9 月 17 日至 2005 年 7 月 28 日，龙门水库除险加固工程完成后，最大库容达到 1.267 亿立方米。

龙门水库的主坝坝长 539 米，最大坝高 40.5 米；沙江副坝坝长 878 米，最大坝高 20 米；龙门副坝坝长 896 米，最大坝高 14.5 米；李庄副坝坝长 198 米，最大坝高 17 米；十八坡副坝坝长 265 米，坝顶高程均为 131.8 米。

龙门水库的泄洪建筑物有：主坝输水洞，洞径 2.5 米，进口高程 104 米，限泄 22.5 立方米每秒；李庄副坝输水洞，洞径 2.5 米，进口高程 112.3 米，最大泄量 60 立方米每秒；泄洪闸（8 孔，每孔净宽 10 米）净宽 80 米，最大泄量 5204 立方米每秒；正常溢洪道宽 90 米，堰顶高程 125 米，最大泄量 1632 立方米每秒。

龙门水库

萍河

人们常用“萍水相逢”一词来比喻向来不认识的人偶然相遇，而在保定就有条河，名叫萍河，在萍河之上，真的是最适合说萍水相逢的地方。萍河位于保定市东北部，亦称平水、萍泉水，是一条季节性河流，它的规模虽不大，却有着上千年的历史，史称“九河入梢”的九河之一就有萍河。

概述

萍水发源于定兴县南幸村，经北庄头，在肖金营入徐水，在田村铺西穿京广铁路。过十五汲村，自北沿铁路西侧，经尚汲铺、六里屯、固城镇（古范阳城）等村。而后向东南流经田村铺、新郑庄村东，穿南北里村村西大桥，入东史端、北营等村，至下河西村北，此时有鸡爪河自西汇入。又东经徐庄北、和尚坟北，至容城县北河庄与西来的北瀑河相会（1965 年萍河自此改道）南行，经黑龙口在安新县三台村南入藻杂淀。萍河干流总长 30 公里，流域面积 443 平方公里，其中流经徐水境内的有 13 公里，流域面积 174 平方公里。

流域环境

据说在唐代的时候，萍河在当地被叫作铜帮铁底运粮河。萍河与漕河、孝义河、瀑河、潴龙河、唐河、清水河、府河、白沟引河等九条河流流入白洋淀，历史上生机勃勃的时代，萍河流域水岸葱郁，蜿蜒秀美，造就了白洋淀汪洋浩渺、势连天际的壮阔景象，史称“九河入梢”。

从 20 世纪 80 年代开始，北方气候变得干燥，萍河流域地区年降水量减少，加上改革开放后工农业发展迅速，用水量增加，萍河水量逐年减少，并逐渐出现断流。从 1997 年以后，萍河上游就再也没有来过水，其他的河流中，漕河、孝义河、瀑河仅部分季节有水，潴龙河、唐河、清水河同样长期断流，萍河在干涸的等待中正在渐渐退出人们的记忆，可是在地表上仍保留着深壑的纹理，仿佛在诉说着萍河也曾承载了流域内太多人的快乐。

昔日萍河

历史人文

萍河流域的很多村庄都是用神话传说或历史故事命名的。位于容城县萍河边的黑龙口村，就是一个以神话传说命名的村落。古时此处是萍河下游的渡口，传说萍河水中有一条黑龙，村民在此定居后，修建了一座龙王庙祠供奉黑龙，并且把村名定为黑龙口。据传明代以前，距黑龙口村不远处还有一个小村，因洪水泛滥，村庄被冲毁。当时洪水汹涌，白浪滚滚，有些村民说村庄是让一条白龙卷走了，此后，村里就有了“白龙卷村”一说。后逃生者迁到现址定居，便把村名定为白龙村。据传北宋将领杨延昭曾在萍河流域驻扎，并在此地与辽军作战，战斗中，杨延昭摆下东、西两个火牛阵，最终大胜辽军。后人们在此定居，即以火牛阵的历史故事来命名村庄，一个名为东牛村，一个名为西牛村。

2018 年，保定市重点谋划建设“一区一场三廊四库九河十园”国土绿化重点工程，萍河便是“九河”的重点工程之一。保定市政府准备在河堤两岸修建宽度 100 ～ 1000 米的水系护堤林，计划以此来打造生态廊道，彻底改变萍河流域的面貌，使其重新焕发生机。

瀑河

瀑河属于海河流域大清河水系，发源于保定市易县狼牙山东麓，至安新县寨里村入白洋淀。瀑河又名雹河、鲍河，是保定的著名河流。在《水经注》中，称瀑河为南易水。历史上，瀑河流域为历代的主要战场，在这里曾发生过大小战役众多，可谓是历经沧桑。

概述

瀑河全长 73 公里，流域面积 545 平方公里，其中流经徐水境内 43.2 公里，流域面积 295.9 平方公里。瀑河东北与萍河相接，西南与漕河为邻。瀑河流域地势西北高，东南低，西部为太行山丘陵区，东部为冀中平原。1958 年，在瀑河上游建成瀑河水库，基本控制了该河的洪水。瀑河流域以农业为主，作物主要为小麦、玉米、花生、棉花、蔬菜等。其中，西部山区以林果种植为主，主要有柿子、大枣、核桃等。宋代时，瀑河流域便开始挖河修渠，引水灌溉。据《宋史·河渠志》记载："引鲍河水分注沟中，

瀑河

地高则用水车汲水灌溉。”

流域环境

瀑河源出易县狼牙山东麓西山北乡杨树岭，后向东南流，经娄山村，至林泉村转向东北流，经南河北村、武庄、榆林庄，至东城阳村有潦水沟河自左岸汇入，其后折向东南，经尉都、孝村，从曲城出易县，入徐水，由北向南流，至瀑河水库。出水库后，向南流，经解村，至赤鲁村有曲水河从右岸汇入。纳曲水河汇入后，瀑河折向东行，经大庞村、遂城，至石桥，有西屯庄河自左岸汇入，并开始有堤。再至东张丰村，过京广铁路至滚水石坝（建于清乾隆二十九年，即1764年）后，分为南北两支。北支称北瀑河，现已干涸，河道下游于容城县并入萍河。南支现称瀑河，经徐水城区、于庄、北贺寿营至葛村西，有黑水沟自西汇入。后又向东南流，经迪城村北出徐水，再东行至安新县寨里村南入白洋淀的藻杂淀。

历史人文

（一）历史上的战役

瀑河曾为历代的主要战场。远在战国时期，燕国曾沿该河筑长城为防线；赵将李牧在此攻克燕之武遂；东汉耿况于瀑河源之西山破吴耐蠡10余营。北宋时期，辽国曾九次南侵，其中八次由黑卢堤（易县段）、长城口、遂城侵入，宋军多次在此地遭受重创，付出惨痛代价。

徐水城曾是金、清兵南下的咽喉要道。金兴定二年（1218年），中都路留守苗道润为其副职贾瑀所杀，另一副职张柔誓为苗道润复仇。张柔率军在狼牙岭被蒙古军俘虏并投降，蒙古军任其为河北都元帅，张柔率军与金将贾瑀战于瀑河源东南侧孔山，最终将贾瑀俘虏，挖其心祭奠苗道润，后葬苗道润于保定北郊留守坟。

解放战争时期，中国人民解放军曾三次解放徐水城。清风店战役时，在徐水截击南下的国民党援清风店第三军，前后共4次战斗，歼灭国民党军约万余人。

（二）蚩尤坟冢

瀑河水库库区内有一座小土山，俗称红土山，传说为蚩尤的坟冢，这也是北方的第一座蚩尤坟。

瀑河风光

相传，蚩尤被黄帝诛杀后，其头被埋于此。此处自埋蚩尤头后，其上堆筑的土山渐渐变赤，且色泽越来越深，当地百姓改称土山为红土山。之后每当夜半之时，坟内便会发出如牛吼叫的“哞哞”之声，当地人很是畏惧，于是在土山上修了一座小庙以求平安，小庙名为“红土山庙”，后来这里还形成了红土山庙会。

因蚩尤部落的图腾为牛，为求坟内夜半时分不再发出牛吼之声，周围村庄改名为大牟山村、小牟山村，意为“哞”字无

“口”自不会叫。蚩尤坟的形制至今仍保存完好，高约 25 米，明显为人工堆筑而成。很难想象古人当初是怎样肩抗背负堆筑出这么高大的一座土山来的，相信不论是恐惧还是崇拜，都是一股巨大的精神力量。

水利工程

瀑河水库位于瀑河上游出山口处，控制流域面积 263 平方公里，坝址坐落在徐水区解村村北 0.5 公里处。瀑河水库上游流域属山峦起伏的中低山地形，海拔高程在 100 ~ 1000 米之间，水库以上河流长 30 公里。瀑河水库水域广阔，水质较好，宜发展渔业生产。

瀑河水库位于温带大陆性季风气候区，气候特征是四季分明，夏秋两季受太平洋副热带高压控制，多东南风，炎热多雨，冬春两季受西伯利亚和内蒙古高压控制，盛行西北风，气候干燥少雨，最大风速达 20 米每秒。瀑河水库流域光热比较充足，年日照时数在 2300 ~ 2700 小时之间，全年平均气温 12.5 摄氏度，无霜期 175 ~ 215 天，库内冰冻厚度为 25 厘米。

瀑河水库以上流域多年平均年降水量为 601 毫米，流域上游的狼牙山一带是降水的高值区，降水量的区域分布趋势是向东部平原递减。降雨量年内分配极不均匀，汛期 6 月至 9 月降雨量占年总量的 80% 以上。降雨量的年际变化也很悬殊，流域平均年降雨量最小仅为 279 毫米，最大达 1004 毫米，相差 3.6 倍。瀑河水库流域内多年平均年水面蒸发量为 1100 毫米，多年平均年陆面蒸发量为 500 毫米。

瀑河属季节性河流，径流量主要随降雨量的大小而变化，流域多年年径流深为 180 毫米，径流量的年内分配与降水量十分相似，大径流量多集中在汛期的 6 月至 9 月。

瀑河水库

在地质上，瀑河水库位于太行山东麓，地貌为丘陵区向平原区过渡带，地面高程 30.8 ～ 168.4 米，地表多为黄土状壤土覆盖。上游流域内岩石裸露，石灰岩、白云岩、石英砂岩分布较广泛，植被较差，水土流失严重。上游河道比降较大，一般在 1/100 ～ 1/500 之间，源短流急，洪水暴涨陡落，水势凶猛。

瀑河水库于 1958 年动工兴建，同年 6 月底主体工程基本竣工，并于当年投入使用。瀑河水库总库容 9750 万立方米，兴利库容 2900 万立方米，防洪库容 6850 万立方米。历经 1963 年水毁修复、输水洞改建、溢洪道扩开等工程，1973 年溢洪道衬砌，1977 年大坝戴帽加高。瀑河水库除险加固工程于 2005 年 10 月开工建设，2016 年 12 月完工。工程以库区土工膜水平防渗为主，面积达 250 万平方米，同时整修大坝护坡、溢洪道增设驼峰堰、改建输水洞闸楼、更新闸门启闭设施等。

2018 年 4 月至 2018 年 7 月，南水北调中线总干渠通过瀑河水库，经瀑河河道成功向白洋淀生态补水 6600 万立方米。有效地改善了瀑河沿岸的生态环境，同时补充了地下水资源。据水文部门监测，经过生态补水，徐水区新增河渠水面面积约 43 万平方米。河道周边浅层地下水埋深平均回升 0.96 米，进一步改善了白洋淀上游的生态环境，对淀区水质和生态环境提升作用明显。

沙河

沙河，古称泒河，发源于山西省灵丘县，是潴龙河的主要支流，北郭村以上流域面积5560平方公里，流经灵丘、阜平、曲阳、行唐、新乐、定州和安国。

沙河在阜平县不老台村以上入保定市境。向东南流至吴王口，右侧有柳树沟方向来水汇入，稍下有下关河自北来汇，经桃园坪、砂窝、龙王庄、百亩台，以下有北流河自西南来汇，经大柳树至东漕岭曲折向东南流，经法华至阜平县城。后向东南流至西庄村西，有槐村庄方向河流从南汇入。后又有鹞子河从北汇入，向东流至王林口，有板峪河自北汇入，以下到王快水库。在库区西南侧胭脂河从北果园以下汇入，库区北侧平阳河从平阳村汇入。

概述

沙河发源于山西省，源分二支，北支源出灵丘县太白卫山，西北支源出繁峙县五台山白坡头，两支于河北省阜平县杜里元汇合。流经阜平、曲阳、新乐、行唐、定州到安国市军诜村有

沙河

磁河、孟良河汇入，以下称潴龙河。沙河向东流至大吴村入定州市境，经怀德村、子远村、东西张谦村，以下分为二支。北支在西留春、西王耨、马阜才等村村南，于西张庄村西入安国境，南支在李亲顾村东、东湖村西、西丁村北、子位村北、于固西村西入安国境，至大李庄南两支合流。沙河全长223公里，其中王快水库以上113公里，王快水库以下110公里，沙河流域面积6420平方公里。

沙河风光

沙河在阜平县法华以上为深山区，海拔高程约在

700 ~ 2300 米，主峰有歪头山、摩天岭、神仙山。中部高程 250 ~ 700 米，河道纵坡为 1/70 ~ 1/400，水流湍急，河床呈“V”形峡谷，两岸为岩石，几无台地，河床覆盖物为大块石和砾砂。阜平县法华以下到南雅握为浅山区，河道纵坡小于 1/400，由上到下，河谷逐渐开阔，河宽 500 ~ 1000 米，河道顺直呈复式河床，覆盖物为砂砾石，一阶台地高出河床甚小，河槽冲淤变化大，两岸耕地极不固定。南雅握以下为丘陵区，沙河经曲阳县入新乐市进入平原，河宽达 2000 米，纵坡在 1/100 ~ 1/2000，河床为细沙。河道安全泄量 2500 立方米每秒，铁路桥安全泄量 9600 立方米每秒。

流域环境

沙河流域内地表植被较差，水土流失严重，洪水流经平原，流速锐减，挟沙能力降低，河床淤积，河道行洪能力下降，沙河自新乐市铁路往下至军诜村段，每遇较大洪水，常造成决口，泛滥成灾。

沙河流域所处区域属温带大陆性季风气候区，四季分明，春季干旱多风，夏季炎热多雨，秋季晴朗气爽，冬季寒冷干燥。降水量年际及年内分布极不均衡，根据 1958 年至 1970 年的实测资料，沙河上水库流域多年平均降水量为 653.5 毫米，6 月至 9 月降水量 589 毫米，占全年降水量的 83.3%，最大年降水量 1019 毫米，最小年降水量 283.6 毫米。暴雨主要发生在 7 月下旬至 8 月上旬，持续时间一般为 1 ~ 3 天。其中最大月降水量为 615 毫米，最大日降水量为 227.5 毫米。

自 2001 年以来，通过沙河总干渠为白洋淀生态供水 3.3283 亿立方米；通过“王大引水”工程为沧州供水 4.8562 亿立方米；通过大水系两库连通工程为西大洋水库补水 2.8153 亿立方米；

柳绿水暖

通过南水北调中线总干渠为北京供水 8.7934 亿立方米。

水利工程

（一）王快水库

王快水库位于海河流域大清河水系南支沙河上游，是一座以防洪为主，结合灌溉、发电、城市供水的大（Ⅰ）型水利枢纽工程，拦河坝建在保定市曲阳县党城乡郑家庄村西。水库控

沙河夜色

制流域面积 3770 平方公里，占沙河流域面积的 59%，总库容 13.89 亿立方米。水库下游是大（Ⅱ）型灌区，灌区工程控制面积 3500 平方公里。

王快水库初建于 1958 年，1960 年竣工投入运行。1969 年冬至 1972 年 9 月对水库进行了续建。为解决坝基渗漏问题，1975 年 10 月至 1976 年 5 月在距上游坝角 10.39 ~ 15.85 米处，

王快水库

增设了混凝土垂直防渗墙。1977 年 10 月至 1981 年年底完成了上游坝坡加固和下游坝基振冲加固处理。2002 年 9 月至 2005 年 11 月完成水库除险加固工程，防洪标准为 500 年一遇洪水设计，万年一遇洪水校核。

王快水库主要水工建筑物为拦河坝、泄洪洞、溢洪道、发电站、两库连通工程及沙河灌区渠道工程。

（二）王快水库沙河灌区

沙河灌区渠道工程位于王快水库下游，是国有大（Ⅱ）型灌区，灌区总面积 3500 平方公里，控制耕地面积 340 万亩，包括保定市的曲阳、定州、安国、博野、蠡县，沧州市的肃宁、任丘、河间、献县及石家庄市的行唐部分土地。沙河灌区范围西起王快水库，东临白洋淀，南至沙河、潴龙河，北界唐河，东西长 150 公里，南北宽 25 ～ 30 公里，多建于 20 世纪六七十年代。沙河灌区工程的灌溉渠道包括总干渠、干渠、支渠、斗渠、农渠等 5 级渠道。沙河灌区总干渠全长 126.28 公里，建筑物270座；干渠共30条，长364.1公里，建筑物953座；支渠共139条，长610.4公里，建筑物2359座。

沙河灌区总干渠上的主要建筑物包括：

渠首枢纽。渠首枢纽位于王快水库下游9公里处的沙河左岸，曲阳县产德乡北水峪村的卧羊沟村西。渠首枢纽由溢流坝、退水闸和进水闸组成。溢流坝为钢筋混凝土和浆砌石结构；退水闸为2孔，设计流量为100立方米每秒，加大流量为120立方米每秒；进水闸为5孔，设计流量为80立方米每秒，加大流量为100立方米每秒。

钟家村节制闸。钟家村节制闸位于曲阳县路庄子乡钟家村村东。由4孔节制闸和一干渠、二干渠分水闸组成，节制闸的设计流量为80立方米每秒，加大流量为100立方米每秒；一干渠的设计流量为8立方米每秒；二干渠的设计流量为12立方米每秒。

路庄子水电站。路庄子水电站位于曲阳县路庄子乡路庄子村村西。由节制闸、三干渠分水闸和路庄子电站进水闸组成，节制闸4孔，电站进水闸3孔，设计流量均为80立方米每秒，加大流量为100立方米每秒；三干渠分水闸4孔，三干渠的设计流量为6立方米每秒。

西河流倒虹吸枢纽。西河流倒虹吸枢纽位于曲阳县恒州镇西河流村村西。由倒虹吸和节制闸组成，与孟良河立体交叉而行。倒虹吸由进口闸、倒虹吸管和出口闸组成，进口闸、倒虹吸管和出口闸各2孔，倒虹吸管长90米，节制闸5孔，倒虹吸和节制闸的设计流量为70立方米每秒，加大流量为90立方米每秒。

沟里闸枢纽。沟里闸枢纽位于定州市沟里。由总干渠节制闸和孟良河退水闸组成，节制闸4孔，设计流量为70立方米每秒，加大流量为 90 立方米每秒；退水闸 6 孔，设计流量为 100 立方米每秒，加大流量为 120 立方米每秒。

胜利闸和穿潴龙河倒虹吸。胜利闸和穿潴龙河倒虹吸位于蠡县兑坎庄村，与潴龙河立体交叉而行，各 2 孔，倒虹吸长 424 米，设计流量为 25 立方米每秒，加大流量为 30 立方米每秒。

（三）沙河灌区总干渠抗战渠

沙河灌区总干渠抗战渠（原名荣臻渠），是在聂荣臻司令员的倡导和建议下，曲阳县人民政府为发展山区农业生产，变旱田为水田，兴修的水利工程。沙河灌区总干渠抗战渠是 1939 年开始修建的。由于敌人的干扰侵袭，工程时动时停，直到 1947 年才初步建成。沙河灌区总干抗战渠全长 24.5 公里，设计流量 12 立方米每秒，设计灌溉面积 7 万亩，近期实际灌溉面积 4.1 万亩。

沙河灌区总干渠抗战渠的修建，得到了晋察冀边区行政委员会和聂荣臻司令员的关怀和支持，为铭志纪念，1947 年特请晋察冀边区行政委员会主任宋邵文书写了“荣臻渠”三个大字，镌刻于洁白的大理石上，矗立在渠首钓鱼台进水闸上，以此铭记党和政府为民谋利，引来沙河水灌溉万亩良田的光辉业绩。

1957 年夏，中共曲阳县委书记杨志敏赴京向聂荣臻元帅汇报曲阳县水利建设情况时，聂荣臻元帅指示：“我们共产党人本来就应该为人民办好事，这条渠用我的名字命名，使我心中不安，它是在抗日战争时修建的，抗日战争是人民的战争，那就叫它抗战渠吧！”从此，曲阳县人民政府将“荣臻渠”改名为“抗战渠”。

胭脂河

胭脂本是一种红色的化妆品，也可用作国画的红色颜料，而保定阜平境内的胭脂河，其名字则是来源于一个凄婉的传说。相传有一个叫胭脂的女子，为保自己的清白，不屈从于强势的恶势力，一跃跳入清水河中，当地人为表达对胭脂不畏强暴、勇于反抗的精神的纪念，便将清水河改名为胭脂河。

概述

胭脂河是保定市阜平县境内的第二大河，因源头有南胭脂和西胭脂两个村而得名。胭脂河发源于阜平县南部的夏庄乡花塔村，由西向东流经下庄乡、城南庄镇和北果园乡，于草场口村注入王快水库。胭脂河流域面积 372.9 平方公里，全流域有耕地 2.79 万亩，河床两岸耕地 5073 亩。

流域环境

胭脂河上游呈“V”字形，宽 50 米左右，河床一般为岩石；流至大岸底村，以下开始呈“U”字形，宽度 200 ～ 300 米，

胭脂河景观

河床为砂砾石质；易家庄以下为下游，河床为沙砾质复式，河床宽度 500 ~ 1000 米之间。胭脂河水流平稳，河床内细沙洁白，1958 年王快水库建成后，河沙最厚处达 5 米之多。

胭脂河上游林木葱郁，山坡植被覆盖率达 60% 以上，中下游植被覆盖率有 30% 左右。胭脂河流域年降水量 650 毫米左右，汛期降水量占全年的 70% ~ 80%，结冰期 120 天左右。沿河两岸的著名大滩有易家庄大滩、城南庄大滩、抬头湾大滩、广安固镇大滩、北果园大滩、崔家庄大滩。

由于胭脂河流域处于太行山深山区，地形以山地为主。自古以来，胭脂河中上游山区的许多百姓都靠打猎、采集山货、挖药材为生。胭脂河下游则有狭窄盆地，当地百姓以种植农作物为生。

历史人文

（一）红色文化

胭脂河流域早在20世纪20年代后期就已经有了共产党活动。

抗日战争时期，胭脂河是聂荣臻领导的晋察冀抗日根据地的核心区域，其抗日活动已被录制成历史纪录片《十年驻马胭脂河——晋察冀抗日根据地纪事》。

胭脂河流域保留着许多抗日军民的活动遗迹。城南庄完整地保留着当年晋察冀军区司令部和毛泽东等中央领导同志的旧居，并建有晋察冀边区革命纪念馆；晋察冀边区第一届参议会便是在城南庄温塘村召开的；革命烈士刘应法（乳名四秃子）在马武寨壮烈殉国，之后马武寨改名为四秃子山；邓拓领导下的马兰村《晋察冀日报》以笔墨为枪炮，痛击日寇；栗树漕村的十八烈士墓，长眠着阻击日军的抗大二分校学生。

（二）胭脂河名字的由来

胭脂河很早以前叫清水河。河的两岸绿树成荫，花草茂密，是个山清水秀的好地方。后来，也不知道是何年何月，有个被废的太子来到了阜平。他看准了这块风水宝地，就用钱买通当地官府，霸为己有。随后他在清水河边建起了一座大庄园，起名叫旭阳府。

因为这个被废的太子姓武，且特别贪恋女色，所以当地百姓都叫他武好色。武好色隔三岔五就带着家丁到民间抢掠民女，许多年轻漂亮的女子只好躲进深山老林里避祸。

在离旭阳府百十里的深山沟里，有一对老夫妻，膝下有一个女儿，名叫胭脂。胭脂年方十八，长得十分美貌。武好色听说胭脂长得漂亮，立刻命令家丁将胭脂抢到了他的旭阳府。

胭脂的爹娘一路哭喊着追到旭阳府，怎料武好色竟让家丁把胭脂的爹娘捆绑起来，扔进了浪涛滚滚的清水河。

胭脂被抢入旭阳府后，因为想念爹娘，不吃也不喝，很快就病了。武好色为了收买胭脂的心，欺骗胭脂说："等你病好以后，就送你回家。"同时还让丫鬟每天给胭脂涂脂抹粉，梳妆打扮，给胭脂穿美丽的衣裳，吃山珍海味。但胭脂仍然感到很痛苦。每当丫鬟给她梳妆打扮以后，她就立刻去清水河边洗掉脸上的脂粉。天长日久，清澈透明的清水河都变成了粉红色。

等胭脂病好以后，武好色准备了一条船，假意送胭脂回家。这时，有个好心的丫鬟悄悄地把胭脂爹娘被害的事告诉了胭脂，并叫她不要轻信武好色的甜言蜜语。胭脂强压住内心的悲痛，随武好色上了船。待船到河心，武好色笑嘻嘻凑到胭脂跟前，说："你这么漂亮的一位佳人，在我府里，吃的是上等酒宴，穿的是绫罗绸缎，为何非得回到穷山沟里去呢？"说着伸手就把胭脂拉到了怀里。胭脂早有准备，她趁武好色不防，猛地一口把武好色的耳朵咬了下来。武好色疼得捂着耳朵大叫："快！快！把这个贱人给我捆起来！"没等家丁们走到近前，胭脂三脚二步跑到船头，一头栽进了波涛翻滚的清水河。

为了纪念被逼死的胭脂，当地百姓就把清水河改名叫胭脂河了。

孟良河

孟良和焦赞是杨家将中两员以勇猛著称的大将，他俩常常一起出战，被称为焦不离孟，孟不离焦。

焦赞，被证明是北宋后期富弼的部下，是抵抗辽军的北军将领，焦赞墓在河北雄县境内。事实上，焦赞根本不可能和北宋早期的杨延昭相识，他被安排给杨家将做下属，可能只是评书艺人的艺术加工罢了。不过，大家都是抵抗外族入侵的爱国将领，可谓不是一家人，不进一家门，倒也很是和谐。

虽然焦赞在历史上可以找到一点踪迹，但关于孟良却是没有明确的记载，只知道他是杨延昭的部将，其墓地在河北永清境内。而从孟良崮、孟良营、孟良梯等地名依稀可以推测出，孟良早年很可能是一位绿林好汉。此后在北宋军中成了抵抗辽军的将领。而发源于曲阳山区的孟良河，相传也与孟良有着千丝万缕的联系。

概述

孟良河属海河流域大清河南支水系，发源于曲阳县浅山区，

孟良春色

流经曲阳县城东北，经定州自西柴里村入安国境内滩头村，经南张村、里河、行唐、南张庄至统一村汇入沙河。孟良河全长67公里，流域面积807.7平方公里，流域上游已修建孝木、白家湾和庄子河等3座小型水库，控制面积47平方公里。

流域环境

孟良河是位于唐河、沙河之间的一条主要的行洪排沥河道，在曲阳、定州、安国境内为平原行洪沥河道，左右侧均有堤防，堤距在200 ～ 300米之间。1977年至1978年，曲阳县委、县政府先后3次整修孟良河，整修后左堤高2.5米，顶宽5.0米，右堤高2.5米，顶宽3.0米，两堤以左堤为主堤。孟良河主河槽底宽5 ～ 15米，深约2.5米，纵坡1/2200。河道原设计流量263 ～ 272立方米每秒。2000年，曲阳县委、县政府举全县之力，大力疏通、整治孟良河（县城段），重现了孟良河河畅水清的美景。

历史人文

（一）孟良河名字的由来

相传在宋辽年间，宋国与北国的边界就在孟良河流域附近，孟良河作为大清河水系唐河的一个支流，地理位置非常重要，是当时的军事要地。大宋为了保护唐河以北的国土，在这里修建土城用来屯兵操练和瞭望敌情。宋朝将领杨延昭在牤牛台（距曲阳县县城北30公里）训练了1000头牤牛，紧接着摆下牤牛阵，大败辽军。之后杨延昭派其部下孟良、焦赞在此地镇守。孟良河水量充足，常年碧波荡漾，沿岸芦苇丛生，是屯兵布阵的战略要地和押运粮草的军事要道，孟良、焦赞在这里镇守多年，且与当地百姓关系融洽。

相传有一次北国军队前来侵犯，军情告急，孟良提大斧骑快马到嘉禾山与穆桂英商议军情。穆桂英得知消息以后，怕北军南犯，急令孟良把防汛大堤掘开放水，用洪水挡住了北国军队南进的去路，于是就有了现在的孟良河。

（二）生态建设

孟良河纵贯曲阳县县城，河的两岸，垂柳成行，加上长长的汉白玉石栏杆作为衬托，形成了一道亮丽的风景线。为大力建设“富裕文明、平安和谐、山川秀美”的新曲阳，以创建省级园林城市、打造生态宜居县城为目标，曲阳县政府投资约 1.3 亿元，对孟良河上游白家湾滨水区进行了扩改建设。新建成的白家湾滨水公园总占地约 18.6 公顷，园内水源充足，植被茂盛。整修后的园林共分八大景区：休闲健身区、游船码头区、帆影夕阳区、滨水观景区、儿童乐园区、湿地垂钓区、音乐广场区、商业服务区。公园的建成为当地居民提供了休闲健身、文化娱乐的好场所。

雪浪飞石、石刻奇书、露水平台、石亭长廊遍布园中，带给游人无尽的遐想。由大理石建造的艺术长廊雕梁画栋、古朴典雅，把曲阳雕刻的传统艺术和现代文化表现得淋漓尽致、巧夺天工，漫步其中，给人一种艺术的享受。曲阳作为雕刻之乡，文化底蕴深厚，园林建设也重点突出了雕刻元素，彰显了曲阳的文化特色。园中开满了各色花儿争奇斗艳，有的朵朵异彩，有的群星满坡，蝴蝶、蜜蜂在五颜六色的花丛中自由地飞舞，行走在花丛中，游人能闻到阵阵醉人的花香。

小桥流水芦苇荡，蜻蜓点水立中央。晨曦透阳光，微风伴人行，遐想世间事，乃吾临其境。待到秋叶黄，落地悄无声，春风化露珠，点水一蜻蜓。园林内的观景区、垂钓乐园区，碧绿的水面、青翠的绿地、独特的广场、精致的林带，构成一幅天然质朴的美景。

依托曲阳悠久的雕刻传统工艺优势，园中随处可见形象逼真的卡通、人物、动物等石雕作品，给游人带来精美的视觉享受。

沿孟良河岸南行一两公里，穿过南环路，就到了孟良河下游水域。迎面的西河岸旁边，挺立着一块高挑的景观石，上面镌刻着 5 个醒目大字：“孟良河公园”。孟良河公园位于曲阳县县城西南部，孟良河与沙河干渠交汇处，南环路以南，雕刻城以东，总面积 13.64 公顷。公园内弯弯曲曲的小径上，两旁草木葱郁，间有奇石或石雕点缀。在高楼林立、车水马龙的城区内，新落成的孟良河公园成了人们游玩、观赏、娱乐的好去处。

孟良河夜景

唐河

在《水经注》中称唐河为滱水，《海河今昔纪要》中称其有三源：西源曰沤夷河，东源曰汤河，正源为滱水。唐河始现于《周礼·职方氏》，称并州（太行山北段为并州）之域，其川滹沱、沤夷。汉代称滱水，《山海经》中记载："高氏之山（翠屏山别名），滱水出焉。"《水经注》中记载："滱水即沤夷之水也。"唐河之名最早见于唐代，唐《元和郡县志》中称："滱水，一名唐河，西去（唐）县（时县治今西城子）一百五十步。"《大清一统志》中载："唐水，人俗亦乎唐河者，水至唐而始大，因此得名云尔。"《保定地区水利志》中载：唐河历史上被认为是大清河的正源。

概述

唐河系海河流域大清河水系南支正源之一，发源于山西省浑源县抢风岭（黄花滩乡南花园），流经山西省浑源县、灵丘县，河北省涞源县、唐县、顺平县、曲阳县、定州市、望都县、清苑区、安新县等 10 个县、市、区，于河北省雄安新区安新

唐河晨曲

县入白洋淀，全长354公里。其中保定市（含定州、雄安新区）境内河长261.4公里。唐河流域面积4990平方公里，多年平均年降水量535.8毫米，多年平均年径流量69.3毫米。

流域环境

唐河在山西境内河长92.6公里，流域面积2193平方公里，主要支流有赵北河、华山河、大东河、上寨河、干峪河等。从发源地至灵丘县韩淤地村，流经土石山区，河形蜿蜒，从韩淤地至张旺沟，流经灵丘盆地，河型为宽浅式游荡型；从张旺沟到出晋境进入土石山区，河型为顺直河型。唐河流域地处五台山、太行山、恒山三大山脉交汇处，四面群山环绕，群峰林立，沟壑纵横。地势西北高、东南低。

唐河由灵丘县东南，在水堡村北1公里处进入保定市涞源县境，自新城庄东入唐县境。唐河在涞源境内河长34公里，流域面积792平方公里。境内沿河有控渗水补给河床基流。唐河流经涞源县水堡镇、走马驿镇和银坊镇，该段流域水源灌溉条件较好，气候温和，是涞源县南部传统的稻麦产区。

唐河自涞源县新城庄东,在倒马关乡黑龙洞沟进入唐县境。唐县地处北温带大陆性气候，四季分明，无霜期适中，日照充足,水源丰沛。唐河向东偏南经倒马关,倒马关处设有水文站,在唐河入唐县境5公里处，水文站控制面积为上游的2770平方公里，主要任务是测量统计径流流深、流量等水文数据。

之后唐河再过川里、黄石口，绕过聂家台向北，此时唐河左岸有革命大渠引水口。再向东南，至花塔有银坊主沟自北流入，至苑家会村东北，转南由二道河流入顺平县境。在顺平县境内唐河两岸共有7个村，因唐河在顺平县段两岸无堤防，滩地多引唐河水灌溉。唐县、顺平段唐河常年有水，洪水多发，两岸村民多建有护村坝、护地坝。顺平境内的唐河支流名涧河，史籍中称其为唐河之附河，发源于易县白查里，经隘门口至刘家庄入境，于捉马岭前向西南流，过清醒村村南，经李家庄、两大悲村南至盘古，最后汇入唐河，全长10余里。1958年，完县（今顺平县）县政府在涧河上游北大悲村北修了一座水库，名大悲水库，至今仍在发挥效益。

自顺平县绕经刘家沟、王家庄村南，右临张合庄，左临顺平县神北、神南，又经顺平县富有、南盘两村至业里村再入唐县境。经中唐梅水文站，至歇马村东，北有来自青虚山经卧佛寺水库的歇马沟汇入，后经白合至明伏村，南有来自北店头的逆流河自东南来注，经大长峪至北大洋村南与西北通天河水共同汇入西大洋水库。

唐河自西大洋水库坝址下游至出唐县境河长约13公里。唐河出水库后，折向东南，纳来自曲阳境内的马泥河，经唐县钓鱼台村南入定州境。后经西潘、西坂、东坂、奇连屯等村，过京广铁路，西经唐城、清水河、东市邑、北鹿庄、北李庄至泉邱村北出境入望都县。唐河在定州市境内长42.9公里，其中上游右岸5公里在曲阳县境。定州市境内流域面积302.5平方公里。

唐河自定州泉邱入望都县境，经周家庄、北柳絮、南韩庄入保定市清苑区境内。唐河自改道后旧道则为支流，新河成为主流，新道过京广铁路后东南流经望都入清苑境。唐河在望都境内长6.12公里，流域面积42.9平方公里。2014年至2017年，通过实施“唐河望都段治理工程”对唐河薛庄村南至清苑河段进行治理，治理内容包括堤防加高培厚、堤顶路硬化和险工防护等，治理河道长2.94公里，工程设计洪水流量为20年一遇，工程完成后有效地提高了河道的行洪能力。

鹏落西大洋

唐河自望都南韩庄于顾家营村西北进入清苑界。自顾家营村西北向东流至温仁村东折向东北方向，流经北邓村、高庄、纳贤、东石桥至莲花闸汇入府河流入白洋淀藻杂淀。1966 年春，唐河下游开卡改道。从东石桥高保公路以下折向东入唐河新道，于牛角入安新县界，东石桥以下称新唐河。唐河在清苑区境内长 43.4 公里，其中顾家营至温仁旧公路桥段长 14 公里；温仁旧公路桥至冉河头段长 11.2 公里，河宽 800 米左右；唐河在清苑温仁以上段为地下河，温仁以下筑有堤埝。冉河头至东石桥高保公路段长 11.4 公里，唐河与清水河并行，呈两河三堤之势，河宽约 800 米。东石桥高保路至雄安新区安新牛角县界河段长 6.8 公里（此段为唐河新道）。

通天河系唐河一大支流，《禹贡》中称之为恒水；《水经注》中有记载“滱水又东，恒水从西来注之”；唐代的《元和郡县图志》中称作常水；清康熙《唐县新志》中称其为横河；至民国时始称通天河，因大茂山山顶有一“天池”，常年有水，视能通天之意而得名。通天河为季节性河流，全长 54.9 公里，其中唐县境内长 32 公里，河宽 40 ~ 600 米，流域面积 522.1 平方公里。通天河发源于唐县大茂山北部，有石人沟、大石沟、苇莫沟等河流汇入，后向东经石门、于家庄水库至军城北关转南，由贤表村西南入曲阳县境，由南镇转东南至十八渡，再入唐县境，向东南与唐河一同汇入西大洋水库。

银坊河在《水经注》中称其为悬水。银坊河全长 42 公里，控制流域面积 258.9 平方公里，河道宽 30 ~ 400 米。银坊河发源于涞源县白石山南麓的黄草安岭，向东南过银坊镇，之后过玉皇沟门入唐县境，唐县称其为清水河，俗名北子岭沟，因水清澈而得名。再向南过周家堡、司里、河暖至花塔西南注入唐河。银坊镇所辖 21 个村庄除玉皇庵外都在此流域内。银坊河在涞源境内长30公里，主要的支沟有银坊西沟。

南马庄河全长33.9公里，流域面积232平方公里，域内有南马庄乡全境和走马驿镇的6个村。南马庄河发源于灵丘县安施岭，于走马驿镇西榆树林村北汇入唐河。南马庄河上游靠近暴雨中心，流域内植被稀少，许多山坡基岩裸露，山洪、泥石流危害较大。南马庄河较大的支流有小关城沟、大黄峪沟。

历史人文

（一）远古时期

据考证，早在六七千年前唐县就已经有人类聚居，属仰韶文化遗址。黄帝曾问道于大茂（今大茂山）置唐侯国，属冀州，治所唐邑（今固城）。唐县是上古时期“三皇五帝”之一的“唐尧”封侯之地，是华夏民族的发祥地之一。尧帝少时被封唐侯，于此施政五年，其兄帝挚将帝位让给尧，史称“禅让”的典故即出唐县。西汉高帝初置唐县，因此地古为唐侯国，故名唐县。《大清一统志》中载：“唐水，人俗亦乎唐河者，水至唐而始大，因此得名云尔。”即因为河水流经唐县开始变大而得名唐河。

（二）抗日战争时期

在抗日战争时期，唐县是晋察冀军区司令部和三分区司令部所在地。伟大的国际主义战士白求恩、柯棣华分别牺牲于唐县黄石口村和唐县葛公村。黄石口村和葛公村都位于唐河岸边，两位国际主义战士都曾在唐河沿岸生活、战斗过，并且都牺牲于唐河岸边。目前，当地建有晋察冀烈士陵园、白求恩柯棣华纪念馆，其中白求恩柯棣华纪念馆是中宣部批准的首批全国爱国主义教育基地之一。

另外，抗日战争时期在银坊镇黄土岭村还发生了著名的黄土岭战役。1939年秋，被日军奉为“名将之花”的山地战专

唐河岳口湾

家阿部规秀率领1500余名日军在涞源县境内进行报复性“扫荡”，八路军集中优势兵力，利用有利地形，巧施钓饵，诱敌反扑，将敌人围困在黄土岭、上庄子中间一条东西走向的沟谷中，后指挥所被我军迫击炮击中，阿部规秀被当场击毙，这是中国人民抗战史上首次击毙日军中将级将领，黄土岭战役被作为中国人民抗日战争的光辉一页载入史册。

（三）神话传说

唐县当地流传有唐尧大帝“唐河得图”的神话传说。相传唐尧年少时游泳本领就已经很高了，一个猛子扎下去，便能潜出很远。一年夏天，连降大雨，河水暴涨，水面宽阔，浊浪滔滔。唐尧“扑通”一个猛子扎到水里，就不见了。过了很长时间，着急寻找的人们见他骑着一条龙从水里飞奔而出。原来，他一到水里就骑到龙身上，被带到龙宫去了。临走时，龙王给了他一件东西，说千万不能丢了，长大后会有大用处。唐尧回来后，人们打开龙王给的东西一看，上写“江山社稷图”，图中绘有山川河流，还写着好多文字，标有冀、兖、青、徐、扬、荆、豫、梁、雍字样。这时大家才发现，原来这是失落多年的黄帝九州图，传说得九州图者得天下。后来就有了唐县老百姓过年时贴年画的习俗，年画的内容是一个穿红兜兜的小孩儿骑着一条绿毛赤纹的飞舞巨龙，巨龙口衔一卷图。年画描绘的正是唐尧大帝“唐河得图”的神话故事。

（四）唐河彩石

唐河彩石因产于唐河流域上游段的沟谷、溪流里，故玩石者将此石称为唐河彩石。唐河彩石质地坚硬，材质细润，密度高，水洗度高，外观十分秀美。近年来，唐河彩石声名鹊起，不断在石展上亮相，深受广大石友及美石爱好者的欢迎。

水利工程

唐河自入唐县境至西大洋水库，河长约 96 公里，汇水面积在西大洋水库以上为 4420 平方公里。唐河上游山区段保定市境内建有各类水库 24 座：其中大（Ⅰ）型水库 1 座，即西大洋水库；小型水库 23 座。小型水库中，小（Ⅰ）型水库 5 座，分别为涞源县境内的南道神水库，曲阳县境内的杨家台水库，唐县境内的于家寨水库、卧佛寺水库，顺平县境内的大悲水库。小（Ⅱ）型水库 18 座分别为唐县境内的柳家沟水库、夹子水库、秦王水库、上庄龙锅水库、更生大园水库、豆铺水库、栗元庄水库、下庄石盆水库、旦里水库、史家沟水库、宋家峪水库、忠勇水库、下三土门水库、委庄水库、西口底水库、黄金峪水库，曲阳县境内的宿家庄水库、曲中水库。

1960 年，唐河自清苑温仁以下建了唐河固槽工程，河道从莲花闸开始向东北穿漕河堤入藻杂淀。为了解决藻杂淀各河泄水不畅的问题，从 1966 年开始对唐河下口进行改道治理，将清水河纳入唐河，开辟了唐河新道（新唐河），并废除了旧道。唐河新道右堤为主堤，自清苑东石桥至安新韩村长 23.3 公里，左堤为次堤，自清苑高保公路至安新同口，长 23.8 公里，均为三级堤防。唐河新道清苑东石桥至安新韩村排水闸段按 20 年一遇防洪标准治理，设计流量 2000 立方米每秒。结合修筑的两岸堤另挖了两道深水河槽，南槽长 17.72 公里，北槽长 17.4 公里，两槽底宽约 30 ～ 100 米，中间滩地西宽东略窄，约 650 ～ 1000 米。

（一）西大洋水库

西大洋水库位于保定市唐县境内，海河流域大清河水系南支唐河的出山口处，控制流域面积 4420 平方公里。初建于 1958 年，1960 年拦洪蓄水，1970 年至 1972 年进行续建，1992

年至1994年完成加固工程。2005年5月开始进行除险加固工程，现已接近尾声。

西大洋水库是一座以防洪为主，同时兼顾城市供水、工业供水、农业灌溉、环境用水、水力发电等综合利用的国家大（Ⅰ）型水利枢纽工程，是河北省四大水库之一。水库除险加固完成后，水库防洪标准将达到500年一遇洪水设计，万年一遇洪水校核，总库容12.58亿立方米，调洪库容8.79亿立方米，兴利

库容 5.15 亿立方米。西大洋水库设有四台发电机组，总装机容量 1.22 万千瓦。

西大洋水库是保定市饮用水水源地，也是北京市后备水源地。为保质保量地完成供水任务，西大洋水库结合实地情况采取多项有效措施。这些年通过各项治理措施，西大洋水库水源水质逐年向好，从被污染时的五类逐步恢复到现在的二类，大部分月份能达到地表水一类，并连续多年保持稳定，入库水量

大美西大洋

充足，调配水量满足要求。2018 年总入库水量 21 300 万立方米，总供水量 13 028 万立方米。其中向保定市城市供水及白洋淀补水 7449 万立方米，向农业灌溉供水 4736 万立方米，向定州国华电厂供水 843 万立方米。

（二）唐河灌区

唐河灌区位于保定市西南部，灌区范围西起西大洋水库，东至京广铁路及界河，南界唐河，北至唐县、顺平两县南部山麓边缘，控制唐县、顺平大部分土地，望都、定州、满城部分土地，面积约为 833 平方公里。灌区设计灌溉面积为 70 万亩，有效灌溉面积为 42.5 万亩。

唐河灌区处于太行山东麓的冲积扇平原，地势总的趋向是西北高东南低，地形复杂，地面纵坡较大，在西大洋水库下游一带高程为 100 米左右，京广铁路一带的灌区南端约 55 米，东部方顺桥一带约 33 米，地面坡度在北部近山麓地带约 1/200 ~ 1/300，总干渠至京广铁路之间坡度为 1/400 ~ 1/800。

唐河灌区的前身为有着悠久历史的广利渠。金代，在风山脚下开渠引唐河水灌溉农田数千亩。明代，在唐河东岸兴建灌溉渠道，自唐县西雹水村西至顺平县常丰河，全渠长 35 公里，浇地 1.9 亩。明清及民国时期，广利渠多次遭到洪水的冲袭破坏，屡冲屡修。唐县解放以后，当地百姓对该渠道进行了大力整修，恢复并扩大了浇地面积，至新中国成立前夕，灌溉面积发展到 5.5 万亩。新中国成立以后，当地政府因地制宜地延伸了支渠，并扩大了灌溉范围，到 1958 年灌溉面积已发展到 20.7 万亩。

1959 年，河北省水利厅审核同意《唐河灌区设计任务书》。当年，灌区全面开工，从 1959 年开始到 1962 年春，灌区初步发挥灌溉效益，控制唐县、顺平县、定州市、望都等县市 56.8 万亩土地，当地有 23 万亩农田得到了灌溉。1963 年，建立了唐河灌区管理处，广利渠纳入唐河灌区统一管理。1963 年，灌区遭遇了历史上罕见的特大暴雨，已完工的工程遭到了严重破坏。1963 年冬至 1964 年，对灌区受损部分进行了恢复工程。1966 年以后，唐河灌区多次进行续建、改建、扩建施工。尤其是 1970 年根据西大洋水库工程的续建，对总干渠及三干渠进行了扩建，灌溉面积达 50 多万亩。1982 年，灌区进行“三查三定”工作，查定规划设计面积为 80 万亩，有效灌溉面积为 42.5 万亩，保浇面积为

25 万亩。

2000 年，保定市西大洋水库管理处与唐河灌区管理处合并。2001 年，水利部批复《全国大型灌区续建配套和节水改造规划报告》，唐河灌区规划灌溉面积 70 万亩，规划灌溉水利用系数由 0.41 提高到 0.66。至今，唐河灌区续建配套和节水改造项目已批复 14 期，批复续改建渠道长度 182.38 公里，建筑物 693 座。2019 年度工程完工后将恢复望都县范围内渠灌面积 12 万亩，在缓解望都地下水过量开采压力、结合井渠双灌的优势促进农业生产方面具有很高的综合效益。

唐河灌区是库灌合一的灌区，管理单位为保定市西大洋水库管理处。近几年随着对环境治理的持续发力及雄安新区的规划建设，环境用水需求不断加大，唐河灌区在保证传统农业供水的基础上，不断加大向保定市区及白洋淀供水量。2018 年共完成春灌两次，夏灌一次，秋灌一次，渠首农业灌溉引水量 4367 万立方米，历时 74 天。向保定市城市供水及白洋淀补水 3 次，渠首引水量 7449 万立方米，历时 129 天。总干渠渠首最大引水流量 24 立方米每秒，全年渠首累计引水量 11 816 万立方米，总干渠运行累计历时 141 天。

唐河灌区灌溉水源为西大洋水库，灌区范围内的河流除边界上的唐河外，主要有界河、蒲阳河、曲逆河、七节河、运粮河、九龙河、韩庄沟、大十五计沟及新开河上的支沟等支流，小河除界河外各河基本上为西北到东南贯穿灌区，这些河流是灌区天然的排水通道。

唐河灌区位于大陆性季风气候区，春季干旱多风，夏季炎热多雨，秋季晴朗凉爽，冬季寒冷少雪，大部分降雨集中在 7、8、9 三个月。灌区年平均气温 12.18 摄氏度，最冷月平均温度 −5.98 摄氏度，极端最低温度 −22.68 摄氏度，极端最高温度 40.78 摄氏度。年降水量 630 毫米，年蒸发量 1520.9 毫米。灌区所处区域季节性标准冻土深度 0.65 米。

唐河灌区总干渠渠首位于西雹水村村西，渠首枢纽工程设 7 孔进水闸，净宽 16.8 米，最大设计引水流量为 68 立方米每秒，总干渠全长 40.77 公里。下设干渠 6 条，总长 62.09 公里；支渠 47 条，总长 120.1 公里；斗渠 364 条，长 318.3 公里。总干渠主要建筑物 235 座，干渠、支渠主要建筑物 598 座。

唐河稻田

孝义河

一条河，就是一条绿色长廊，就是一道生态屏障，就是一处鱼鸟乐园，就是一道多姿多彩的风景线，就是一条亮丽的景观带，蕴含着无数情趣。曾有人作诗，这样描绘孝义河景象：朗日蓝天岸草萋，波澜远去似云梯。鹧鸪腾跃花间径，情侣徜徉树下蹊。风动芦丛惊水鸟，鸭游河面傍青堤。晚霞劝客寻居处，遥有村翁指彩霓。

概述

孝义河总长 88 公里，流域面积 1262 平方公里，发源于定州市中古屯附近，流经安国、博野、蠡县，至高阳县注入马棚淀。孝义河为排沥河道，故不设堤防，河底宽 9 ~ 34 米。设计标准为 5 年一遇，设计过水能力为 38 ~ 89 立方米每秒。孝义河属季节性河道，汛期排沥时有水，沿河共建桥 13 座。孝义河划分为上游、中游、下游。上游为月明河、孝义河汇流口以上，长约 53 公里，排沥标准为 10 年一遇，设计流量为 77 立方米每秒；中游为汇流口以下至高任公路，长约 25 公里，排沥标

静静流淌孝义河

准为 10 年一遇，设计流量为 180 立方米每秒；下游起点从高任公路以下至入淀口，长约 10 公里，排沥标准为 10 年一遇，设计流量为 214 立方米每秒。1963 年，孝义河排沥流量约 40 立方米每秒，自此之后基本再没有形成过径流。

流域环境

新中国成立后，除 1951 年万安以下改道工程外，蠡县县政府曾四次扩挖疏浚孝义河。1955 年春，自万安口门至高任公路挖河筑堤；1957 年春，万安以上疏浚；1964 年冬至 1965 年春，河道疏浚加固；1965 年秋，开挖子槽。

孝义河系唐河以南、潴龙河以北，穿过蠡县北部的一条主要排沥河道，一旦潴龙河北堤决口或分洪，孝义河便成了主要的泄洪河道，同时它还承担着从王快水库调水，经沙河灌区、月明河、孝义河，最后引水入淀的调水任务。孝义河的日常河水主要来自于雨水、上游支流月明河以及沿岸城镇、沙河灌渠等地的生产、生活排水。

月明河，又名悦铭河，它不仅是孝义河的支流，而且还是蠡县境内一条非常重要的河道。月明河发源于安国市西韩村一

孝义河支流月明河

带，因此处有月明碑而得名。河流由安国经博野，几经变换名称，再入东北蠡县界，在兑坎庄村东南与沙河总灌渠相交，最后穿蠡县县城至辛兴镇汇入孝义河。

月明河在蠡县境内贯穿蠡吾、辛兴两镇，沿岸村庄15个，全长16.9公里。月明河以排沥为主，兼排潴龙河分洪或决口之洪水。1971年，为利用王快水库蓄水灌溉农田，对此河进行初步配套，命名为蠡县主干渠。河底宽14 ~ 20米，排沥能力为35 ~ 45立方米每秒，最大泄量为45立方米每秒。现有桥梁20座。除排沥外，月明河日常河水主要来自于上游包括沙河灌渠沿岸安国、博野两县的雨水及生产、生活排水，有时也承担调水任务。

历史人文

（一）大义婆媳救翼王

保定市博野县有座蠡吾古城，曾为古蠡吾县、蠡吾侯国所在地。史书记载，东汉时期，汉章帝刘炟之孙、河间孝王刘开之子刘翼，曾在此做蠡吾侯。在此之前，刘翼曾被封为平原王，后遭小人构陷而被贬为蠡吾侯，故当地民间仍尊称其为“翼王”。翼王与博园夫人所生之子刘志，后即皇帝位，即为东汉第十位皇帝汉桓帝。

民间相传，在蠡吾城以东10多公里处，有一片官府所设窑地，后因水源枯竭生产停止，便留下一片废墟，故名陶墟（今博野南北陶墟、陶墟店一带）。居住于此的人们，只能到几十公里外的博水河去担生活用水，日子过得十分艰难。

由于战乱灾荒接踵而至，村民相继死亡逃离，村中最后仅剩一户马姓人家，有公、婆、儿、媳四人。不久父亲生病亡故，儿子死于战乱，家中仅存婆媳二人相依为命。婆母悲伤过度一病不起，家中一切全靠儿媳刘氏照料。刘氏起早贪黑下田劳动，一日三餐小心伺候婆母，每隔一日还要往返几十公里去博水河担水。婆母不忍拖累儿媳，劝说儿媳改嫁，儿媳表示决不离开。之前儿媳也曾劝说婆母离开此地，另择一有水之地居住。但婆母留恋丈夫、儿子坟墓，不肯离去。儿媳顺从婆母心愿，与婆母留居在此艰难度日。

一日早上，刘氏出门担水，门一打开，突然发现地上倒着一匹黑马，黑马旁边还躺着一个人，只见那人脸上有血，昏迷不醒。刘氏被吓得不知所措，赶快跑回屋告诉婆母。婆母立即让儿媳将那人拉进屋内救护。刘氏体弱，费尽气力才把那人拉入屋内，颤抖着双手将那人脸面擦洗干净。婆母认出此人是蠡吾侯刘翼，大吃一惊，便嘱儿媳赶快给翼王喂水。刘氏便将自家缸中仅存的半碗水，一点一点地喂进翼王嘴中。可水喂完后，翼王仍没苏醒过来。

刘氏告诉婆母，门口还有一匹黑马，倒在地上直喘粗气，看着也像是快要不行了。婆母便让刘氏速去查看马匹是否有伤，刘氏看完，告诉婆母马身无伤。婆母说那马定是缺水渴昏了，便让刘氏取灶台洗碗泔水去饮那马。刘氏将半盆泔水一点点喂进马嘴，马竟有了精神，慢慢站了起来。婆母吩咐儿媳赶快骑上黑马，去蠡吾城报信，叫人来救翼王。

刘氏没有骑过马，只好硬着头皮骑了上去，一路歪歪斜斜，勉强来到蠡吾城。一进城门，便从马上摔了下来，摔伤了脚腕。

这时，城里的人们正在焦急地四处寻找翼王，一见是翼王的黑马，而且还有人从马上摔了下来，便都围拢了过来。刘氏向众人说明了情况，人们赶紧把她领到翼王府。刘氏向博园夫人简要介绍了翼王的情况，博园夫人表示了感谢，之后马上请刘氏领路，带领医官和随从乘车快速赶往陶墟。

刘氏走后，婆母躺在炕上，看着昏迷不醒的翼王，很是着急，便从炕上滚到地下，拉下被子给翼王盖上，又爬到灶台舀了半碗米汤，慢慢喂进翼王嘴里。半个时辰后，翼王苏醒过来，见是一位年迈的老婆婆在照顾自己，禁不住流出感激的泪水。

博园夫人来到陶墟后，赶快请医官进行检查，医官报告，翼王并无大碍，此时博园夫人才放下心来。翼王夫妇感谢马家婆媳救命之恩，定要请她们二人到城内居住。老婆婆不肯，说要留下照看父子二人坟墓，翼王夫妇只好留下些财物赶回城内。

博园夫人知道刘氏为救翼王摔伤了脚腕，不能担水，婆媳二人将无法生活，便派来两位侍女进行照顾。

翼王经过数日调养，身体很快康复，带领侍从再次来到陶墟，一为答谢婆媳二人，二为再次劝说二人随其到城内居住。老婆婆仍然表示不愿离去。翼王明白了老婆婆的心思，便和夫人商议，决定开挖一条河流，将博水导引过来，彻底解决这里的缺水问题。

翼王回到城内，立即组织勘察施工，很快便挖成一条大河，将博水引到了陶墟村东。

从此，这一带彻底告别了水荒。迁走的人们又陆续迁了回来，另有不少外乡人也迁移过来，与当地人一起耕田种地、烧砖制瓦，这里又恢复了往日的生机。

沿河两岸的人们为了颂扬刘氏对婆母的孝心及翼王报答恩人的义举，便将这条河称为“孝义河”。两千多年来，孝义河的故事一直在两岸民众中广为流传，孝义的精神也代代相传。

（二）生态建设

月明河流经蠡县城区，过胡村、东河、辛兴并入孝义河，成为蠡县得天独厚的旅游资源，同时又与潴龙河旅游圈相接。可沿河驱车到郑村蒋士芬旧居、郑村村北影三郎、东河村北紫薇山等古迹一游，也可到胡村草莓园、小陈蔬菜园、林堡瓜果园和辛兴红旗小镇、梁家庄万佛寺以及武家营、大百尺、大曲堤生态园观光。

沙河灌区、月明河、孝义河“三河一线”，常年有水且直通白洋淀。近年来，蠡县县委、县政府把“三河一线”生态环境建设作为服务雄安新区、借势发展的重要举措，沿河建立了万亩生态林，谋划了 3 块湿地，制定并实施了清淤疏浚、边坡整修、观光路建设等生态修复工程。在不远的将来，“三河一线”将呈现河清岸绿、景美路畅的新景象，成为蠡县连接雄安新区的一条靓丽风景线。

水是城市的灵气和财富，按照“整理、美化、开发”三步走的思路，蠡县谋划了水系建设新规划，并初见成效。一是以

月明河拱桥

水绕城。依托月明河穿城优势，科学谋划、顶层设计，全面实行了河道清淤、清澈、清洁工程，净化了水质，建起拦水坝，提升水位，保持河水流量，建成多处亲水平台，可休闲、可观光、可垂钓。并引水造湖，打造成了北漳湿地公园。二是以水靓城。以月明河为主线，生态布局，美化两岸。打造“沿河景观”，加快沿河生态景观改造，努力打造绿美相拥、林水环抱、林路相连的绿色生态“水上长廊”。实施“滨河景区”建设项目，依托蠡州广场公园升级改造，与范蠡文化公园形成连片建设。初步建成了一个集公园、商贸、居住、餐饮、娱乐等为一体的大型城市综合体。三是以水兴城。以月明河开发为支点，带动整个城市建设，通过实行“盘活、拉动、提升”三大工程，让县城亮起来、绿起来、美起来。

水利工程

胜利闸是建在沙河总干渠与月明河交汇处的一座节制闸，修建于 1972 年，用于调节王快水库至月明河以下灌溉用水。

1977 年 10 月至 12 月，开挖穿潴干渠，该渠从胜利闸上游总干渠左堤开口，向东北跨月明河（1978年建成月明河渡槽），向东南穿过潴龙河，故称穿潴干渠。2003 年，在总干渠左堤开口处又修节制闸一座，并沿穿潴干渠向西延伸修建王大引水干渠（通往沧州大浪淀方向，蠡县境内长 21.58 公里，穿越 3 个乡镇），此闸故称王大引水闸。两闸并行，水利调度功能更加完备。开启胜利闸，关闭王大引水闸，上游来水就会顺月明河而下至孝义河，最终入白洋淀，反之，开启王大引水闸，关闭胜利闸，上游来水便会流向沧州大浪淀方向。

潴龙河

潴龙河是蠡县人民繁衍生息的大动脉，是记载几千年来岁月更替的时空画卷，储存着蠡县史前、战国、两汉、唐宋元时期的丰富历史信息，千里长堤更体现着蠡县的文化传承。潴龙河以“汉皇遗址、烽火大宋台、招贤纳士孟尝君、管触之交鲍叔牙、皇清大儒李恕谷、饿不死的彭了凡、史前文化仰韶遗址、齐氏宗祠”为纵轴，以“下海商圣陶朱公、舍生取义樊於期、神奇古墓影三郎，文化大家蒋士芬、陈嘉楷、梁斌、黄胄以及武坛精英刘观澜、温敬铭”为两翼，展现给人们的是“汉皇古都、文化大都”。

潴龙河不仅是蠡县的一条美丽的绿色长廊，也是一条丰富的历史长廊和厚重的文化长廊。

概述

潴龙河是蠡县人民的母亲河。千百年来，潴龙河两岸的蠡县儿女在潴龙河河水的滋养下，世世代代繁衍生息。各种史书记载以及神话传说，更加使这条古老河流平添了几分神秘色彩。

据清代《畿辅通志》载：“潴龙河者，盖伏龙之转也。”《方舆纪要》中记载：“相传，颛顼时，有猪化龙成河，伏龙近古，盖化龙与伏龙字形相近，潴龙与伏龙又语音相淆也。”

潴龙河两岸的堤坝是沿岸劳动人民在长期与洪水的斗争中逐渐建成的。据蠡县史志记载：嘉靖十一年（1532年）九月，巡抚都御史许宗鲁疏浚河道……合三府（真定府、保定府、河间府）工役修浚河间故道，蠡邑征夫二千二百余名，次年五月告竣，水四分入河间，六分仍北决。潴龙河右堤起初并非为挡潴龙河水所设，而是为防御南水，即滹沱河水所修，也并非一条从上到下的整体堤防。到清同治年间，经过整修，才逐渐将堤埝连接起来。又经过多年演变，才形成现在的堤防。

穿山越岭潴龙河

潴龙河为海河流域大清河水系南支最大的行洪河道，其上游称沙河，流经阜平、安国等6县市，后与磁河、孟良河在安国军诜（史称三岔口）汇流后称潴龙河，经博野县流经蠡县8个乡镇后出县境，流经高阳县，最终注入白洋淀。潴龙河在蠡县境内全长35公里，贯穿蠡吾镇、南庄镇、鲍墟镇、留史镇、曲堤镇，沿岸村庄56个，流域面积400平方公里。潴龙河为河北省五条主要行洪河道之一，也是保定市入白洋淀的九条河流之一。

流域环境

蠡县境内，潴龙河右堤上起南庄镇薛庄，下至鲍墟镇刘佃庄，全长29.76公里；潴龙河左堤上起蠡吾镇西柳青，下至大曲堤镇庞果庄，全长36.38公里。潴龙河上游宽、下游窄，呈喇叭形，在蠡县一带河槽调蓄能力较强。蠡县境内最宽处在芦庄，堤距2200米，最窄处在南绪口，堤距仅342米。潴龙河系常年性河道，史上最大流量曾达到5380立方米每秒。据有关水文站实测资料，1952年至1971年的近20年间，潴龙河年平均径流量为10.34亿立方米，年平均流量为32.77立方米每秒，只是在干旱少雨季节，潴龙河才偶尔断流。蠡县解放前，每逢大雨季节，洪水猛涨，经常泛滥成灾。新中国成立后，经过多次整治，水灾大减。

为了缓解潴龙河下游段行洪压力，蠡县县政府于1957年开辟了陈村分洪道。1958年以后，潴龙河上游修建了王快、横山岭等水库，有效地控制了洪水。1972年至1990年间，潴龙河年平均径流量仅1.64亿立方米，年平均流量5.21立方米每秒。1979年以后，由于连年干旱少雨，加之上游水库的调控作用，潴龙河内基本上干涸断流。

历史人文

蠡县潴龙河两岸长堤俗称为千里堤，在县境内延绵30余公里，西接博野，东连高阳，是著名红色小说《红旗谱》中描述的主要场景。随着经济的发展，社会的进步，近年来，蠡县不断加大对堤顶道路硬化和美化的工程力度，如今堤岸杨柳成排，绿草如茵，堤顶道路顺堤蜿蜒而平坦，且沿途景色优美，成为串联沿途旅游景点的廊道、景观道和休闲道。初夏时节，曾有诗人来蠡县采风，登上潴龙河大堤，两岸景色尽收眼底，不禁感怀咏道：淙淙碧水吻长堤，岸柳田畴布谷啼。一线清流滋沃土，千重麦浪闪华霓。农家把盏庭中饮，宿鸟归巢树上栖。欲辨回途人已恍，夕阳哂笑指东西。

蠡县县政府充分结合沿途村镇的实际情况，打造出了不同主题的各具特色的旅游及景点，盘活了蠡县旅游资源，促进了乡村产业提升。

潴龙河千里堤在蠡县境内从西南至东北蜿蜒，像地理龙脉一样，造就了蠡县中国皮都、纺织大县的美称，裘皮服装、橡胶制品、汽车饰品等产业快速发展。河岸两侧，植被错落，万木葱茏，分布着25万亩的鸭梨种植带，以及麻山药基地、南庄绿色蔬菜基地、花园头葡萄小镇、孟尝柳编等农业特色产业。

随着麻山药产业的兴起，大曲堤镇还着力打造出曲堤齐氏

潴龙河畔梨花芬芳

宗祠及麻山药植物园，并计划建设曲堤庄“古玩小镇”和北续口“二胡小镇”两个旅游生态园。

蠡县正谋划建设裘皮城、绒毛城、汽车饰品城三个旅游购物城，基本形成了“一点（县纪念馆、博物馆）、一线（千里堤）、两园、三城”的旅游发展格局，并积极申请纳入省市精品旅游线路。

水利工程

潴龙河在保定市安国市军诜村与磁河、孟良河汇流后至白洋淀入口马棚淀全长80.5公里，流域面积9430平方公里，其中北郭村以上8600平方公里。其右堤（千里堤）为主堤，是河北省一级堤防。“63.8”洪水后，1965年，蠡县县政府对千里堤进行了加固治理，并对潴龙河部分河段进行了整治。原设计右堤为主堤，堤顶宽8米，超高1.5米；左堤为次堤，堤顶宽8米，超高1米。陈村分洪道始建于1957年，分洪口门设在蠡县潴龙河左堤北陈村，口门至高阳县城南分洪道全长28公里。

潴龙河沿岸主要建筑物有陈村分洪道固定口门，护岸坝12道（总长5347米），扬水站过堤涵管6处，东柳青、西柳青穿堤涵洞各1座、定州－河间公路潴龙河大桥、神木－黄骅铁路大桥各1座，及若干漫水桥和渡口11处。

为了减轻潴龙河防洪压力，1957年，经河北省政府批准，由保定专属安排设计，投资139.19万元，在左堤处的北陈村修筑了分洪道和分洪口，分洪口门宽300米，堰顶高程18.04米（黄海高程），设计分洪流量1500立方米每秒，堤距1100～1500米。右堤上起蠡吾镇仉村，下至大百尺镇北玉田村，长21.4公里。分洪道流经蠡吾镇及留史、辛兴、百尺镇、郭丹等5镇，穿高阳县域入马棚淀，全长28公里，沿岸31个村庄，一个国有农场。分洪道和分洪口建成后，曾于1959年、1963年两次分洪，很大程度上减轻了主河道潴龙河的泄洪压力，排除了险情。

永定河

永定河古称㶟水、治水，又名卢沟河、浑河，《元史》中又名“小黄河”，因河床游荡，多次改道，故又称无定河。清康熙三十七年（1698 年），对此河进行大规模治理，在两岸修筑堤防，始称永定河。清康熙四十年（1701 年），修建金门闸，金门闸遗址今位于涿州东北部，紧邻北京界几公里处的永定河右岸大堤，原来的主要作用是引支流牤牛河水进入永定河借以冲刷河床淤泥，清代屡次修复、建设，至今仍保留有闸室。金门闸共计 15 孔，南北长 100 米，坚固无比，蔚为壮观，此闸在护佑两岸民众生命财产方面发挥过重要作用，是古代劳动人民治理永定河聪明智慧的结晶。

概述

永定河位于北京的西部，是北京地区最大的河流，属海河五大支流之一。永定河发源于山西省宁武县管涔山，全河流经山西、内蒙古、河北、北京、天津等 5 省市，在天津汇于海河，至塘沽注入渤海。永定河是海河水系北系的最大河流，流域面

永定河

积为 47 016 平方公里，其中山区面积 45 063 平方公里，平原面积 1953 平方公里。其上游源于山西省宁武县的桑干河，在河北省怀来县纳源自内蒙古高原的洋河，流至官厅始名永定河，流域面积 5.08 万平方公里，主要支流有壶流河、洋河、妫水、清水河等。

20 世纪 70 年代以来，随着全球气候变化，永定河流域持续多年干旱少雨，下游常年处于断流状态。

流域环境

永定河流经晋、内蒙古、冀、京、津五省市，上游有桑干河和洋河两条河汇流而成，至河北省怀来朱官屯汇合为永定河并入官厅水库，下游经北京及保定、廊坊入永定河泛区，泛区以下经永定新河入海。官厅水库控制流域面积 4.34 万平方公里，官厅水库至卢沟桥流域面积 1600 平方公里，卢沟桥至入海口流域面积 2000 平方公里。永定河左堤为主堤，属一级堤防，是确保首都北京防洪安全的主要设施，右堤为次堤，属一级堤防，是天津市、京九铁路、华北油田的重要防洪屏障。

永定河的特点：一是含沙量大，由于泥沙在河床中不断淤积，逐渐形成地上悬河，目前，河底高出右岸地面 2.5 ～ 4.0 米；二是堤防主要为沙质土，没有滩地护持堤段，极易出险，仅涿州市管理段内的 10.4 公里右堤就有金门闸、韩营、南北蔡、长安城等 4 处险工，总长 7304 米，占总堤防的 70%；三是该河道宽滩窄槽，游荡摆动不定，由于汛期洪水突涨猛落，常使滩地坍塌，出现横河，危及堤防。

保定市境内的永定河河道堤防，自 1991 年以来，按照 2500 立方米每秒的防洪标准进行了治理。2000 年，保定市境内 10.4 公里的右堤已全部用浆砌石护砌完成。

历史人文

（一）永定河的历史传说

永定河的古代传说历史悠久，在当地流传广泛。这些传说的基本特征是都与史实相联系，传说中都能映射出历史的影子。

河挡与挡河的传说，有刘靖治河的史实；唐僧取经的传说，以石景山上的晾经台和石景山曾称湿经山、石经山为依据；王老汉栽种河堤柳的传说，与历代治理永定河时栽种堤柳有关；冯将军严惩老兵痞的传说更是以史实为依据……永定河的这些传说生动形象，内容丰富，具有浓厚的地方色彩，是永定河两岸人民群众智慧的结晶。

永定河的传说记述了不同历史时期人们治理永定河的发展

史，为研究北京的生产发展史提供了翔实资料。同时，传说中反映出的永定河周边人民为治理水患，与大自然不懈抗争的精神，具有一定的现实意义和教育价值。

（二）永定河名字的由来

从前，永定河还叫无定河。那时的永定河，常发大水，老百姓吃尽了洪水的苦头，都盼着官家能够治理水患。可官家不管，老百姓又太穷无法自行解决，所以洪水一直没有被治理。有一年，固安来了个吴知县，他廉洁奉公，爱民如子，上任头一天就去看水势，第二天就想出个好主意，连夜给皇帝写了一本奏折。

当时的皇帝是个昏君，只知吃喝玩乐，从不管老百姓的死活。他在宫里玩腻了，就想到外地转悠转悠。这天五鼓早朝，皇帝问大臣："众位爱卿，朕想出去逛逛，不知哪儿有好景致？"皇帝话音刚落，朝班中闪出一个大臣，跪下说："万岁，昨天固安吴知县有本奏来，他说'南有苏杭胜地，北有固安八景'，万岁何不到固安去看看？"皇帝想：我游玩过各地胜景，从没听说过有个"固安八景"。于是皇帝问道："固安八景是怎么回事，比西湖还好吗？"大臣急忙送上吴知县的奏折。皇帝一看，上面写着："固安东有西湖二景，南有牛头马面，西有太子三宫，北有玉带两条。"皇帝心中大喜，马上决定前去看看。

第二天，皇帝带着随从来到固安县。歇了一天之后，吴知县带着皇帝众人出了东门，一直往东走，走出 10 多公里，过了好几个村子，也没看到什么好景致。皇帝开始怀疑起来，便问："吴知县，你说的西湖二景在哪里呢？"吴知县指指丛林深处的东湖村、西湖村，说："万岁，这就是我说的西湖二景啊！"皇帝一看只是两个破烂村子，非常生气地说道："吴知县，你敢骗朕！"吴知县急忙跪下说："万岁，臣不敢骗您。这两个村子原是我朝有名的柳编产地，春天杞柳嫩绿，冬天柳货成山，有人作诗说‘东湖西湖柳编乡，春秋美景胜苏杭’，所以称这里是‘西湖二景’一点也不过分哪。可这些年，无定河老开口子，冲了土地，冲了杞柳，老百姓走的走逃的逃，才变成现在这个样子了。”皇帝虽然生气，可吴知县说得句句在理，他也只好罢休。

转天，吴知县又带着皇帝往南去，到牛头（牛驼镇）、马面（马庄镇）转了大半天，既没看到寺庙，也没看到古迹，倒碰到不少叫花子和破衣烂衫的穷百姓。皇帝又生气了，说道：“吴知县，你可知罪！”吴知县急忙跪下磕头，说：“万岁，您听我说。从前，牛驼、马庄确实很热闹，日月塔、魁星楼不用说，光寺庙就有好几个。可是，这几年因为无定河老开口子，人们活不下去了，都逃荒去了，才变成现在这个样子。”这天，吴知县又领着皇帝奔城西，到太子三宫看了看，只见到处是烂砖头碎瓦片，老鼠四处乱钻，皇帝眼都气红了，大声说：“回京！”吴知县跪下说：“万岁，城北……”皇帝怒气冲冲地说：“不去了！”吴知县说：“这玉带的景色别具一格，万岁无论如何要去看看啊。”

皇帝虽满心怀疑，但依旧跟着吴知县来到了城北，并爬上无定河大堤观瞧，只见满河浑水哗哗地流着，一个浪头接一个浪头直撞大堤，大堤越来越窄，好像马上就要开口子了，皇帝吓得差点瘫在地上，哆哆嗦嗦地说：“吴……吴……你好大胆……”吴知县说：“不，万岁，我不敢骗您。从前，好多诗人都把这大堤比作玉带，连老皇上也写过‘万里金堤似玉带’的诗句呢，可眼前这两条玉带已经很危险了，它威胁着10多万百姓的生命，也威胁着皇城的安全，望万岁开恩赐银治理！”皇帝被气糊涂了，结结巴巴地说：“朕……朕……朕赐银……”

皇帝本想说：“让朕赐银？不砍你脑袋就是好事了！”哪知刚说出“赐银”二字，吴知县便扑通一声跪下了，连忙说：“谢主隆恩！”皇帝更加生气了，大声说道：“来人啊，把他给朕推出去砍了！”可是吴知县一点儿也不害怕，他说：“万岁，臣命如草芥，一点儿也不值钱，但您金口玉言，‘赐’字既出口，还能收回去吗？”接着，他说了皇帝很多好话，说他爱民如子，是圣德明君，然后，又讲了讲治河、栽柳树、发展柳编的好处。最终，皇帝被吴知县哄高兴了，从国库中拨出 5 万两白银，交给吴知县治河使用。之后，吴知县征集了 1 万多名当地的老百姓，清理旧河道，加高大堤，还在堤上种植柳树，很快就把无定河治理好了。自那以后，无定河便有了一定走向，再也不开口子了，老百姓都过上了安居乐业的日子。

后来，有个老秀才为了歌颂吴知县的功德，作了一首《永定河颂》，其中一句是“巧赚皇上吴县令，无定河变永定河。”无定河从此便改了名，叫永定河了。

这个故事是北京石景山的曹玉兴老人口述的，老人现年已经 95 岁高龄，如不抓紧记述整理这些口头传说，恐怕流传久远的永定河民间传说很快就会在时间的流逝中消失殆尽。

南水北调工程保定段

南水北调工程是我国的战略性工程，分东、中、西三条线路，其中，中线工程起点位于汉江中上游丹江口水库，供水区域为河南、河北、北京、天津4个省市。

工程方案构想是1952年国家主席毛泽东视察黄河时提出的。自此，在历经分析比较50多种方案后，调水方案取得了一大批富有价值的成果。南水北调工程规划区涉及人口4.38亿，调水规模448亿立方米。工程规划的东、中、西线干线总长度达4350公里。东、中线一期工程干线总长为2899公里，沿线六省市一级配套支渠约2700公里。

2012年9月，南水北调中线工程丹江口库区移民搬迁全面完成。南水北调工程主要解决我国北方地区，尤其是黄淮海流域的水资源短缺问题，共有东线、中线和西线三条调水线路，通过三条调水线路与长江、黄河、淮河和海河四大江河的联系，构成以“四横三纵”为主体的总体布局，以利于实现中国水资源南北调配、东西互济的合理配置格局。

保定境内涉及的南水北调中线一期工程及其配套工程是我国南水北调工程的重要组成部分，是缓解黄淮海平原水资源严重短缺、优化配置水资源的重大战略性基础设施，是关系到受水区北京、天津、河北、河南等省市经济社会可持续发展的民生工程。中线一期工程从大坝加高扩容后的丹江口水库引水，沿线开挖渠道直通北京，总长1432公里，工

南水北调秋色

程自 2003 年开工以来，经过 10 多年的建设而成。2014 年 12 月 12 日，南水北调中线工程正式通水。

概述

保定市境内南水北调工程包括中线主体工程和配套工程。主体工程包括中线总干渠（京石段工程）和天津干渠，配套工程包括廊涿干渠、保沧干渠以及水厂以上输水管道工程，其中水厂以上输水管道工程划分成四个设计单元实施建设。保定市南水北调工程以境内南北走向的总干渠为纵，以东西走向的天津干渠、廊涿干渠、保沧干渠为横，将王快、西大洋、安格庄三座大型水库与南水北调总干渠连通，构筑起“一纵三横三库”的骨干供水工程体系。供水范围覆盖保定主城区，以及除涞源县、阜平县以外的 10 多个县、区、市及雄安新区，

平均每年分配水量约为 4.7 亿立方米。

夏天的下车亭隧洞段

特色工程

（一）漕河渡槽

漕河渡槽为京石段标志性的大型河渠交叉建筑，俗称为“水上立交桥”。漕河渡槽位于河北省保定市满城区境内，全长 2 公里，起点为满城区西北神星镇荆山村，终点为神星镇岗头村。漕河渡槽是标志性的大型河、渠、路交叉建筑物，渡槽横跨保满铁路满神支线和京赞、神西、满易三条公路以及马连川河、漕河两条河流，渡槽共 76 跨，采用三向预应力钢筋混凝土结构，是当时开工建设的南水北调中线干线工程中世界级规模大型渡槽项目，开创了成功建设南水北调中线干线大型三向预应力渡槽工程的先河。漕河渡槽单跨混凝土重量达 3400

漕河渡漕段工程

吨，设计过水流量为125立方米每秒，加大流量为150立方米每秒，相当于排满125吨重的重型运货汽车，通过的速度为每秒一辆，而且源源不断。渡槽段工程2005年6月开工，2007年11月主体工程完工，具备通水条件。

（二）西黑山分水口

正所谓“一水两分西黑山”，南水北调中线干线工程在此一分为二，一支东去天津市，一支北去北京市。向东输水的天津干渠工程是南水北调中线主体工程的组成部分，采用地埋涵输水，起点为中线总干渠徐水西黑山分水口，东至天津市外环河西侧，终点位于天津市西青区曹庄村北出口闸。采用的是无压接有压地下钢筋混凝土箱涵输水。天津干线保定段工程2009年7月开工建设，2013年6月主体工程完工。

（三）调压塔

调压塔是保沧干渠最大的地上建筑物，主要用于消减任

调压塔

丘、河间分水口流量变化引起的冲击波，同时起到降低下游管道工作压力、提高工程安全性、降低工程投资的作用。塔体为圆形钢筋混凝土筒体结构，东南侧带环形溢流池，整个建筑物位于 63 根直径为 1 米的钢筋混凝土灌注桩之上，主要由承台及筒壁构成。承台为直径 30 米，高度 1.8 米的圆台，总混凝土方量 1272 立方米，钢筋制安 428 吨，安装柔性防水套管 11 个，属于典型的水利水电大体积钢筋混凝土结构。工程位于蠡县陈村分洪道以西、随东村以南。2014 年 8 月主体工程完工，具备通水条件。

（四）容城安新泵站

地处雄安新区腹地的容城安新泵站是保定市南水北调配套工程通过水泵加压实现供水的输水运行工程，从南水北调中线天津干渠的北城分水口取水，依靠地下输水管道与县级水厂连接。在保定市南水北调配套工程中除容城安新泵站外，

容城安新泵站

还有雄县泵站、白沟泵站、唐望干管泵站和曲阳县泵站总计5座泵站。

容城安新泵站与容城管理所一地而建，涉及容城、安新2个供水目标，拥有水泵机组8台，设计三用一备。泵站厂区内建筑物主要有进水前池、检修闸、泵房、高低压配电室、调流阀室、消防泵房、电工实验室、自动化室等，涉及各类阀门阀件、闸门起重设备、电气设备、自动化设备等多达30余种机电设备。

2016年11月工程进入试运行期，为全力保障雄安新区及沿线用水需求，泵站运行管理人员以“高标准、严落实、讲政治、保供水”为工作目标，加强管线巡查，强化与上下游单位全面沟通协调工作机制，内部严格执行“日报告，周调度”管理体制，科学、规范管理。泵站自运行以来为供水目标日平均供水12 000立方米，汩汩江水正在进入千家万户，惠及沿线人民。

数字南水北调

南水北调工程对于保定地区的意义非常重大，下面用一些数字来做简要说明。

（一）603公里

保定市境内南水北调工程总长603公里，其中主体工程中总干渠长170公里，天津干线长76公里；配套工程中跨市的廊涿干渠长32公里，保沧干渠长132公里，水厂以上输水管道工程全长193公里。

（二）66亿元

保定市境内南水北调配套水厂以上输水工程投资共计约66亿元，而全省水厂以上输水工程总投资是300亿元，也就是说保定市境内的工程投资数占全省的五分之一以上。

（三）300万人

南水北调工程建成通水后，供水范围覆盖保定市区，以及除涞源县、阜平县以外的10多个县、区、市及雄安新区，涉及土地面积11 000平方公里、人口865万、耕地1003万亩，分别占全市的49%、82%和84%，是城区经济发展的重点区域，直接受益人口约300万。

（四）5.5亿立方米

南水北调中线工程年均分配保定市水量4.7亿立方米，而保定市西大洋水库年均出库水量在5亿立方米左右，这就相当于为保定市增加了一座大型水库。

（五）116 995亩

保定市南水北调主体工程建设中，

总干渠征占永久占地 37 737 亩，临时用地 28 913 亩；天津干线征占永久占地 364 亩，临时用地 15 756 亩。全市配套水厂以上输水工程（含跨市干渠）征占永久占地 503 亩，临时用地 33 722 亩。共计征用 116 995 亩土地。

（六）256 条

保定市南水北调配套水厂以上输水工程（含跨市干渠）完成穿越铁路、高铁、高速、国省干道、县级及以下等级公路、河道共计 256 条。

（七）2747 处

保定市境内南水北调工程因施工需迁建（保护）输变电电力线路、通信线路、广播电视线路、国防通信线路和输油、输气、饮水、排水、排污、消防管道及通信综合管道等各类专项设施共计 2747 处。

南水北调工程于保定地区的重要意义

南水北调工程建成后年均分配给保定市水量为 4.7 亿立方米，相当于为保定市增加了一座大型水库，南水北调工程通水后，为保定市经济社会发展提供了稳定可靠的水源，从根本上改善了保定市的发展环境和生态环境，并带来了一系列积极的影响。一是有利于保定市打造环京津增长极。水是生产之要，水权就是发展权。南水北调工程每年向保定市供给的水量将用于工业和城镇生活，可有效缓解水资源短缺状况，有利于促进生产力的合理布局，为保定市承接京津产业转移创造了机会和空间。同时，长江水到来后，通过置换城镇、工业长期挤占的农业用水，可有效改善受水区农业生产条件。二是有利于保障和改善民生。水是生命之源，充足的水源是民生的根本。保定全市将有 300 多万人喝上优质丹江水，对保障受水区饮水安全，提高人民群众的健康水平和生活质量将起到显著作用。三是有利于加快生态文明建设。水是生态之基，补水就是改善生态环境。多年来，由于长期超采地下水，引起了地下水位下降、地面沉陷等一系列问题。南水北调工程通水后，将逐步减少甚至避免地下水超采，使地下水资源得到补充和涵养，地下水生态环境得到修复，地表水生态环境得到了明显改善。

保定市大水系工程

如果说南水北调是国家的战略性工程，那么保定大水系工程就可以看作是保定范围内的战略性工程，虽然它们规模不同，所用人力、物力不同，建成时间长短不同，但从大的意义上来说，都是高瞻远瞩，造福人民的好事情，都是大手笔，站位高，决策魄力大，两项工程都泽被苍生，都是利民工程，功在当代，利在千秋。

概述

保定市大水系工程西起王快水库，途经西大洋水库、保定市区，东至华北明珠白洋淀，线路总长200公里，是保定市委、市政府为改善水生态环境、提升城市品位而组织实施的跨流域引调水工程，自2009年开工建设，2012年竣工完成，构建起保定市两库连通、引水入市、污水还清、穿府济淀的供水格局。

保定市利用南水北调中线退水口工程实施对部分河道进行生态补水，同时将城镇用水和工业用水置换给农业和生态，农业供水紧缺状况得到缓解，地下水超采得以遏制，水环境得到修复。

为解决“干河”零基流问题，保定市全面布局、统筹谋划、科学调度，在积极利用南水北调工程补水的基础上，全面实施大水系工程，连通西大洋水库和王快水库，引水出山入市，利用城区现有水系，通过生态补水，使旧城区护城河水系构成“水内环”，城区外围南环堤河、一亩泉河、黄花沟等水系构成“水外环”。沿着“水外环”河系，建设了南湖、北湖、西湖、东

2009 年 9 月南线工程清水入市

湖，新建一亩泉公园、黄花沟生态公园、侯河生态公园、刘守庙文化公园等，通过现有河道或铺设管线与现有公园的水域互相连通，为城市园林公园提供源源不断的活水。同时，采取坡面治理、沟道或者小河道整治、集雨节灌，在河道区域加强岸坡、堤防保护，采取护岸护坡、绿化美化、营造植物过滤带等，加大水土保持力度。以河长制为抓手，对河湖乱占、乱采、乱堆、乱建进行清理和整治，自 2017 年推行河长制以来，共清除河道垃圾 760 万立方米，封堵非法排污口 2111 处，取缔非法采砂厂 79 处。通过综合治理，实现全市河道过水形成基流，河道面貌大为改观。

工程背景

保定市地处京、津、冀三角地带，是一座历史悠久的文化古城。据史料记载，古城保定因水而成，“水之占城十之四，渊锦舒徐，青绿弥望”。19 世纪 60 年代，一亩泉仍然喷流不止，市民还能乘船顺府河而下，直达白洋淀。然而，19 世纪 70 年代以来，由于降水量偏少，用水量增加，以及水污染等原因，致使保定市区严重缺水，地下水环境恶化，白洋淀湿地萎缩，出现了“有河皆干，有水皆污”的局面。

（一）市区地表水水源不足

保定市区地表水水源地西大洋水库自 2000 年 6 月开始通过管道向市区供水，截至 2008 年的 8 年间，曾有 3 个年份接近或启用死库容，2007 年，不得已修建应急提水工程，从王快水库下游灌渠向西大洋紧急补水，方解西大洋水源严重不足之局面。由此看出，西大洋水库向市区供水保证率明显不足。

（二）市区河道脏乱差

在途经市区的府河、清水河、一亩泉河、侯河、护城河、外环堤河、黄花沟等7条河流上，分布着大大小小700多个排污口，致使这些河流变成了令人头痛的臭水沟，两侧的河岸上存有违章建筑31万平方米，堆积垃圾220万立方米，置坟7万座，是市区最脏、乱、差的区域。

（三）市区地下水环境恶化

保定市区地下水的水源地是一亩泉，由于地下水几十年严重超采，已形成约200平方公里的地下漏斗区，最大埋深已达35米，并已出现了地面下沉、建筑物开裂、地下水质变差等严重的水文地质环境问题。

（四）白洋淀生态脆弱

素有“华北明珠”美誉的华北地区最大的生态湿地白洋淀，生态系统因水源不足而遭到严重破坏，曾多次干淀，虽经多次补水，但由于缺乏长效而完善的补水机制和顺畅的补水通道，仍面临随时干淀的危险。

如何改变上述状况，实现经济社会可持续发展，满足保定地区人民群众对生态文明的日益渴求，成为必须认真研究解决的一项重大课题。

工程规划

为从根本上解决保定城区河湖还清问题，实现清水绕城，营造“水清、岸绿、景美、宜人”的城市滨水空间，自2008年以来，保定市委、市政府在深入调研、精心酝酿、科学规划、多方论证的基础上，本着科学决策、民主决策、依法决策，开始谋划、组织和实施大水系工程项目建设。2008年7月1日，时任保定市委书记宋太平在西大洋水库调研时，针对保定严重缺水的局面，做出了“要围绕两库连通、西水东调、引水入市、穿府补淀，把市区水环境改善与全市水资源调度、水利设施建设结合起来，统筹考虑大水系建设”的重大决策。8月26日，宋太平主持召开四大班子联席会议，讨论研究保定市大水系建设规划方案。9月12日，来自水利部海河水利委员会、河北省水利厅、清华大学、河北农业大学、中国城市规划设计院等单位的专家齐聚保定，共同研讨大水系建设规划。10月20日，市十三届人大常委会举行第四次会议，全票通过了大水系建设两库连通工程规划的决议。从此，拉开了保定市大水系建设的序幕。

根据总体规划方案，保定市大水系工程主要由四部分组成：一是水源工程。主要实施王快、西大洋两座大型水库的连通和向市区、白洋淀供水的输水工程；二是市区雨污分流工程，使雨水、污水各走其路，形成两个闭路排水系统；三是在城

两库连通工程渡槽及输水明渠

区建设“两环四廊、五湖十园”等景观工程，构建滨水城市；四是大外环防洪工程，提高城市防洪标准。

（一）两库连通工程

两库连通工程是以自流输水方式将水量较为丰沛的王快水库和西大洋水库连接在一起的引调水工程。起于沙河流域的王快水库左坝肩，沿沙河左岸向下游延伸，穿过高山峡谷，进入唐河流域的西大洋水库库区。工程线路总长15公里，包括有压隧洞1条、无压隧洞5条，引水口枢纽1处、倒虹吸3座、渡槽15座，暗渠6段、明渠21段，设计输水流量10立方米每秒。该工程2009年4月开工建设，2012年4月竣工通水。

（二）自流引水工程

一是南线引水工程。南线工程线路总长约40公里，设计引水流量20立方米每秒，主要实施唐河灌区防渗、白草沟清淤疏浚、方顺桥和小汲店枢纽新建等项目，利用天然河道，将西大洋水库的清水经曲逆河、白草沟引入保定市区。该工程于2009年4月开工建设，2009年9月竣工并实现通水。二是北线引水工程。北线工程穿越唐县、顺平、满城和竞秀区4个县、区，主要实施上游唐河灌区段整治工程和南伍侯入渗场至一亩泉河输水管道工程，线路总长约65公里，设计引水流量10～20立方米每秒。通过自流方式将水源引入一亩泉水源区和保定市区，向一亩泉水源区回补地下水和向市区各河道、湖泊、公园提供环境用水。该工程2009年11月开工建设，2010年9月竣工通水。该工程确定为两库向市区和白洋淀补水的主渠道。

（三）雨污分流工程

雨污分流工程是将城区内原雨水、污水合流排放的管道进行分离，使污水排入污水处理厂，雨水排入河道。该工程2009年2月动工，当年完成，新增污水管道50公里，治理排污口

保定市大水系

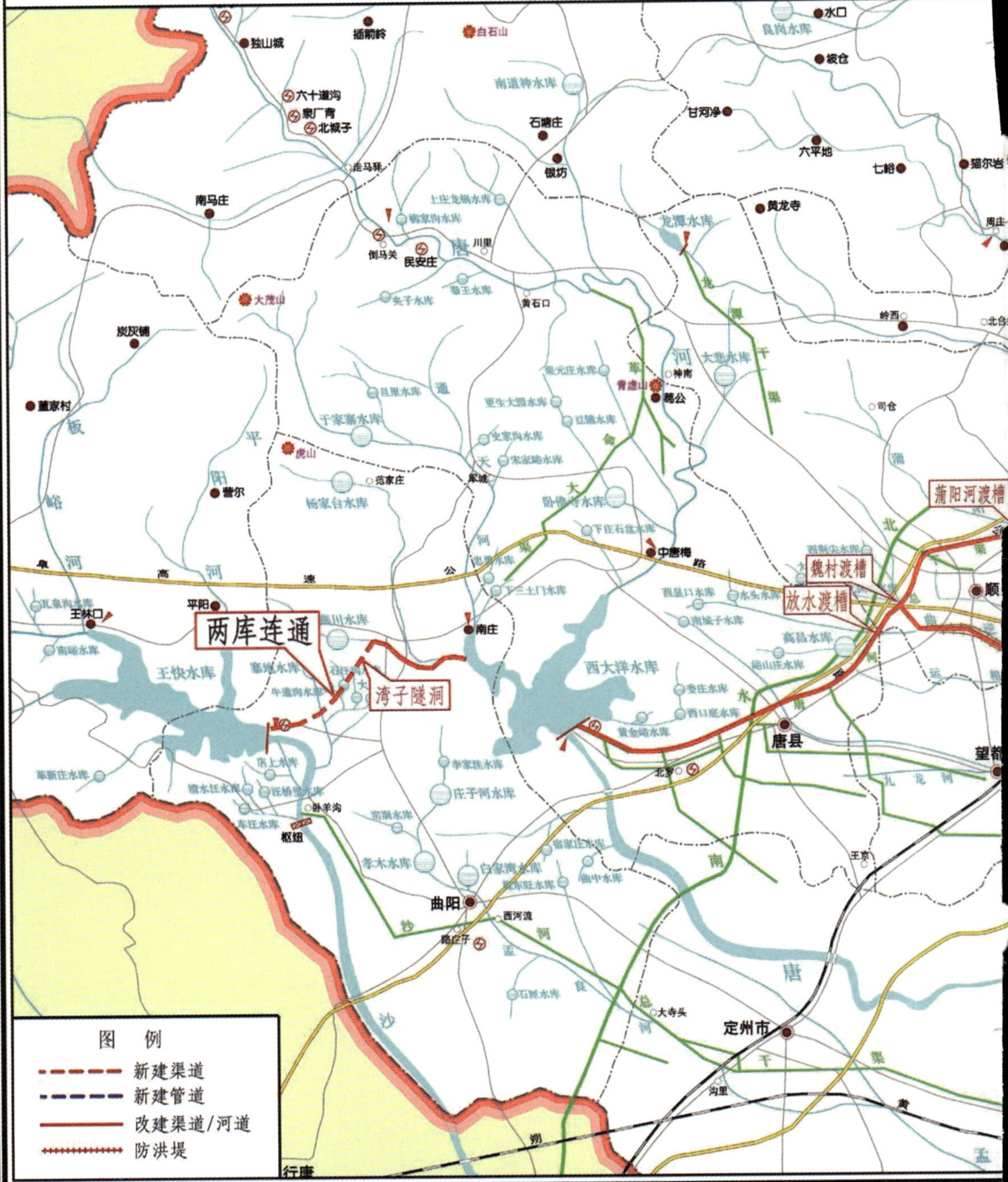

独山城
插箭岭
白石山
水口
良岗水库
坡仓
六十道沟
泉厂青
北城子
南道神水库
石塘庄
甘河净
六平地
七峪
猫尔岩
走马驿
银坊
南马庄
黄龙寺
上庄龙祠水库
龙潭水库
倒马关
民安庄
川里
周庄
大茂山
黄石口
岭西
炭灰铺
董家村
青虚山
神南
稀公
司仓
虎山
营尔
范家庄
杨家台水库
于家寨水库
军城
中唐梅
蒲阳河渡槽
魏村渡槽
放水渡槽
顺
平阳
王林口
两库连通
南庄
王快水库
湾子隧洞
西大洋水库
唐县
望都
北罗
王京
枢纽
曲阳
西河流
路庄子
大寺头
定州市
沟里
行唐
庄子河水库
孝木水库
图例
新建渠道
新建管道
改建渠道/河道
防洪堤

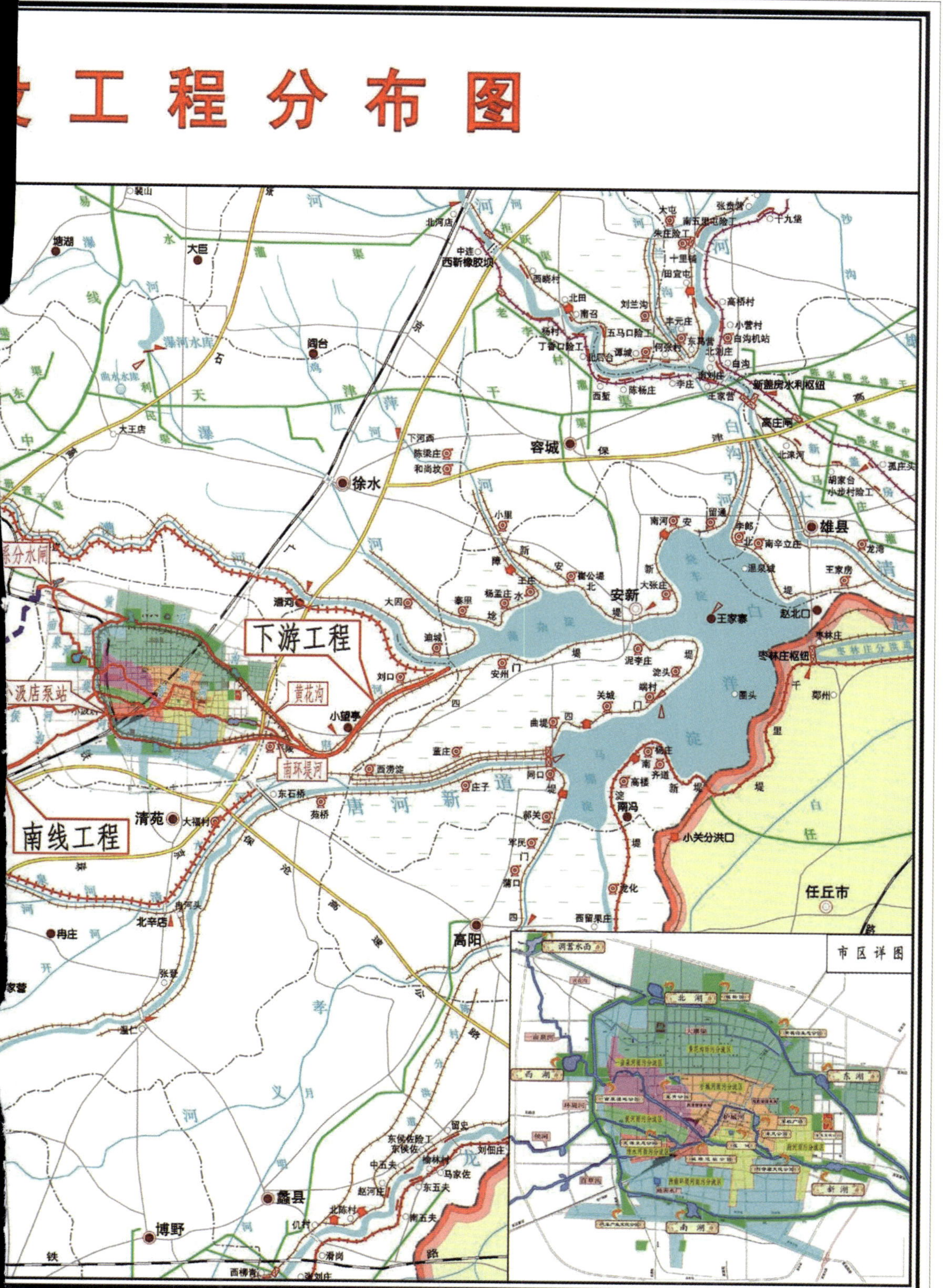

保定市大水系建设工程分布图

720 余处，使保定市在河北省率先实现了市区排水系统雨污分流全覆盖，在一定程度上解决了市区河道出现的水污染的问题。

（四）景观工程

按照大水系建设规划，将城区内、外两环水系和一亩泉河、清水河、府河、白草沟等 4 条放射状横穿市区的河道与新建的“五湖”和新建、改建的 10 座公园连在一起，在城区构建“两环四廊、五湖十园”等景观，形成“青绿相映、水城一体”的城市水系格局。其中，城区“两环四廊”等 7 条河道大部分进行了综合整治，拆除了沿河违章建筑，清除了垃圾，迁移了坟冢，对河道进行了清淤疏浚及防渗处理，并沿河道堤防进行了绿化和硬化；完成改建公园 5 座；完成新建东湖、北湖、南湖等 3 座湖泊的主体工程。

（五）外环水系工程

在原有防洪堤整治的基础上，开展外环水系建设，对 60 公里河道、40 公里堤防进行综合整治，既保持原有防洪堤抗洪功能，又为市民营造环境优美的水系景观，打造“路、水、绿、景”一体化的“外环水系生态景观长廊”。2015 年底和 2016 年初，外环水系工程基本完工，由保定市政府牵头，分别移交给市园林局、市水利局、市公用事业局、莲池区、竞秀区、高开区管理。

（六）市区至白洋淀输水工程

市区至白洋淀输水工程总长 40 公里，通过对南环堤河和黄花沟两条河道进行清淤疏浚和部分桥梁改建，确保进入市区的环境用水和上游洪沥水安全顺畅排入白洋淀。自 2011 年 8 月开工建设，2011 年 11 月竣工通水。工程完工后，不仅使大水系工程体系更加完整，功能更加完备，而且大大改善了保定市区、白洋淀及沿线的生态环境。同时，既是大水系建设向白洋淀输水的主要通道，又是保定市区的主要排水通道，还是南水北调中线工程向白洋淀输水的主要通道，达到了“一线多能、一水多用”的效果。

工程运行状况

保定市大水系工程建成后陆续投入运行并发挥作用。2009年至2018年，王快水库经大水系两库连通工程向西大洋水库调水约3.2亿立方米，有效补充了西大洋水库水量；西大洋水库经大水系南线工程、北线工程和市区至白洋淀输水工程向保定市区和白洋淀生态补水约4.1亿立方米，有效解决了保定市沿途各河道水体感观较差问题，使包括市区河湖在内的沿线200公里河渠实现了清水长流，展现了优美水景观。同时，进一步改善了白洋淀水质，补充了白洋淀水量。保定市大水系工程建设，在京津保联动发展中必将发挥越来越重要的生态支撑作用。

工程效益

保定市大水系工程具有显著的生态、经济和社会效益，其作用和意义十分巨大。一是可大大提高西大洋水库向保定市区的供水保证率，确保城区百万居民饮水安全；二是保障雄安新区生产、生活用水安全；三是较大幅度增加沿线灌溉面积，促进粮食增产、农民增收；四是有效补充沿途地下水，缓解人畜饮水难问题；五是有助于唐县、望都、顺平、清苑等县、区的水系建设；六是回补一亩泉水源区，改善地下水环境；七是从根本上解决保定城区河湖还清问题，实现清水绕城，进一步提升城市品位；八是支撑白洋淀上承5河（潴龙河、孝义河、唐河、府河、漕河）的生态用水，实现部分河道内清水流动；九是有效缓解白洋淀缺水和湿地萎缩状况，使华北明珠更加璀璨；十是为保定建设提供防洪屏障。

后 记

《保定名山名水》是“保定历史文化名城丛书”系列的第三部，与前两部《保定名村名镇》《保定名人名居》不同，这一次常常作为自然元素的青山绿水成为讲述保定历史文化的主角。虽然青山巍峨亿万年风雨不动，虽然绿水流波亿万年东流不息，但是看罢保定的山山水水，逶迤太行之形胜，九河入淀之流光，你会仰慕这里的山水盛名和自然灵性，你也会感怀在这里青史留名的人和事，种种那些，最终化成了中华民族的文化记忆。

经过多方的共同努力，《保定名山名水》终于完成定稿。在保定市人大常委会的指导下，河北新型智库·河北省文化产业发展研究中心（河北大学文化产业研究院）作为图书策划的执行单位开展了实地考察和书稿统筹等具体项目工作。同时，《保定名山名水》的编纂也得到了保定市国土资源局、保定市水利局、保定市自然资源和规划局、保定市文化广电和旅游局，保定各县、区、市人大等多方人员给予的全力支持和帮助，本书的顺利出版有赖于各方的共同努力，在此一并表示诚挚的感谢！

保定风景秀美、人杰地灵，项目组竭尽所能对保定名山名水进行了全面的整理，但难免会有挂一漏万之处，尚祈读者与专家指正。我们将会继续努力，为保定的历史文化和山水名景更久远地留存、更广泛地传播略尽微薄之力。

《保定名山名水》编委会

2020 年 4 月